Tiergartenstraße 4 – Geschichte eines schwierigen Ortes

Foto: Sigrid Falkenstein

Tiergartenstraße 4
Geschichte eines schwierigen Ortes

Stefanie Endlich
Sigrid Falkenstein
Helga Lieser
Ralf Sroka

METROPOL

Eine Ausstellung der Arbeitsgruppe „Tiergartenstraße 4"
Stefanie Endlich, Sigrid Falkenstein, Petra Fuchs, Helga Lieser, Alexandra Pohlmeier, Ralf Sroka

Ausstellung im Rahmen des Berliner Themenjahres 2013
„Zerstörte Vielfalt. Berlin in der Zeit des Nationalsozialismus"

Bildbearbeitung Edgar Lieser

Übersetzung ins Englische Robin Benson

Übersetzung in Leichte Sprache capitoberlin, Büro für barrierefreie Information

Druck und Ausstellungsbau Firma Heerlein, Berlin

Wir danken allen Einzelpersonen, Leihgebern, Archiven, Institutionen und Förderern,
die uns beim Zustandekommen der Ausstellung geholfen haben.

ISBN: 978-3-86331-165-0

Gefördert durch:

Einleitung

In einer gutbürgerlichen, prächtig ausgestatteten Villa am Berliner Tiergartenrand bezog die Planungs- und Verwaltungsbehörde für die „Euthanasie"-Morde im Mai 1940 ihr Quartier. Der Grundriss dieser im Krieg zerstörten und danach gänzlich abgetragenen Villa überlagert sich mit dem Grundriss der Philharmonie, eines der schönsten Konzerthäuser der Welt. Die Bodenfläche des damaligen Hauses ragt ein Stück in das Foyer hinein, das seit 1963 den festlichen Auftakt für ungezählte Musikerlebnisse bildet.
Neben ihrer räumlichen Dimension hat diese Überlagerung auch eine zeitliche Bedeutung. Sie kann als Sinnbild für die Verknüpfung von Vergangenheit und Gegenwart gedeutet werden. Der „Ort der Täter", von dem das erste Vernichtungsprogramm der Nationalsozialisten ausging, ist zugleich der Ort, an dem sich die West-Berliner Nachkriegsgesellschaft um die Wiederbelebung und Neugestaltung kultureller Werte bemühte. Dass dies damals offensichtlich ohne Wissen um die Rolle der Villa in der NS-Zeit erfolgte, zeigt, wie erfolgreich die Tarnorganisation „T4" ihre verbrecherischen Aktivitäten verstecken konnte. Nur wenige Briefbögen mit der Adresse „Tiergartenstraße 4" sind in Archiven zu finden. Im Gegensatz zur Gestapo-Zentrale in der Berliner Prinz-Abrecht-Straße 8, deren Adresse in ganz Europa bekannt war, hielt die „T4"-Behörde ihren Bürositz wie auch ihre gesamten „Euthanasie"-Planungen geheim und entwickelte dafür ein aufwendiges System von Deckadressen, falschen Formularen und verlogenen Briefen. Die Diskriminierung der Opfer und ihrer Familien nach 1945 ging einher mit einem fast vollständigen Verschwinden des historischen Ortes im gesellschaftlichen Gedächtnis.
Das vorliegende Buch begleitet und dokumentiert unsere Open-Air-Ausstellung auf dem Vorplatz der Philharmonie, in der wir die Geschichte der historischen Villa mit der Biografie von Anna Lehnkering verbinden, einer jungen Frau, die im März 1940 in der Tötungsanstalt Grafeneck mit Gas ermordet wurde. Zu unserer sechsköpfigen Ausstellungsgruppe, die sich am „Runden Tisch" zusammengefunden hat, gehören auch die Historikerin Petra Fuchs und die Filmemacherin Alexandra Pohlmeier. Gemeinsam haben wir das Konzept entwickelt und die Umsetzung erarbeitet.
Der „Runde Tisch T4", ein bürgerschaftlicher Zusammenschluss von Gruppen und Verbänden, von Vertreterinnen und Vertretern von Gedenkstätten, von einzelnen Verwaltungen des Landes Berlin und des Bezirks Berlin-Mitte sowie von engagierten Einzelpersonen, hat es sich zum Ziel gesetzt, den historischen Ort der „T4"-Behörde stärker ins Bewusstsein der Öffentlichkeit zu bringen und ihn in einer Weise zu gestalten und dauerhaft kenntlich zu machen, die seiner historischen Bedeutung entspricht. Der Anstoß zum „Runden Tisch" ging im Jahr 2007 von Sigrid Falkenstein aus, der Nichte der in Grafeneck ermordeten Anna Lehnkering. Seither traf sich die Initiative unter dem Dach der Stiftung Topografie des Terrors. Unterstützt wird der „Runde Tisch" von der „Stiftung Denkmal für die ermordeten Juden Europas", vom Referat „Kunst im Stadtraum" der bei der Senatskanzlei angesiedelten

Kulturverwaltung und vom Landesbeauftragten für Menschen mit Behinderung. Zu den mitwirkenden Betroffenenverbänden gehören der Bund der „Euthanasie"-Geschädigten und Zwangssterilisierten, das Aktionsbündnis für Menschen mit Behinderungen „Das Blaue Kamel", der Verein „Zukunftssicherung Geistig Behinderter Berlin", die Berliner Organisation Psychiatrie-Erfahrener und Psychiatrie-Betroffener und weitere Verbände und Gruppen.
Den Bemühungen des „Runden Tisches" und nicht zuletzt den dringlichen Briefen Sigrid Falkensteins an den Bundesbeauftragten für Kultur und Medien, den Bundespräsidenten und den Parlamentsausschuss für Kultur und Medien ist es zu verdanken, dass im November 2011 schließlich ein parteiübergreifender Bundestagsbeschluss zur Errichtung eines nationalen „Gedenk- und Informationsortes" zustande kam. Seine Einweihung ist im Herbst 2014 vorgesehen. Im Kontext der nationalen Denkmalsetzungen der letzten beiden Jahrzehnte zwischen Reichstag und Potsdamer Platz für die verfolgten und ermordeten Opfergruppen der NS-Rassenideologie ist der Standort an der Tiergartenstraße der einzige authentische Ort des Geschehens – nicht der Massenmorde selbst, sondern ihrer bürokratischen Planung. Auch die Entwicklung des inhaltlichen Profils für den geplanten „T4"-Erinnerungsort geht auf den „Runden Tisch" zurück. Hier gelang es, frühe Vorstellungen eines Denkmals am Rand des Stelenfeldes für die ermordeten Juden Europas zu ersetzen durch das differenzierte Konzept einer Verbindung von Gedenken und Dokumentation am historischen Ort der Täter.
Als unser Team Ende 2009 die Idee zu einer Open-Air-Ausstellung auf dem Vorplatz der Philharmonie entwickelte, lagen der Bundestagsbeschluss und der dann folgende Gestaltungswettbewerb noch in weiter Ferne. Den Anstoß für unsere Idee hatten die Planungen für das „Themenjahr 2013" gegeben, mit dem das Land Berlin unter dem Motto „Zerstörte Vielfalt" an die Machtübernahme der Nationalsozialisten 1933 und die Novemberpogrome 1938 erinnerte. In der Fülle der „2013"-Themen für Ausstellungen und Aktivitäten, die den Opfern von Diskriminierung und Ausgrenzung gewidmet sein sollten, waren die Opfer der Zwangssterilisationen und der Krankenmorde zunächst vergessen worden, vermutlich weil die Veranstalter keine unmittelbaren Bezüge der nationalsozialistischen „Rassenhygiene"-Maßnahmen zu den beiden ins Auge gefassten Jahresdaten festgestellt hatten. Das am 14. Juli 1933 erlassene „Gesetz zur Verhütung erbkranken Nachwuchses" gehörte allerdings zu den ersten Rassengesetzen der Nationalsozialisten. Es hatte das Ziel, „den Volkskörper zu reinigen und die krankhaften Erbanlagen allmählich auszumerzen". Etwa 400 000 Menschen mit Behinderungen und psychischen Krankheiten, darunter auch Anna Lehnkering, wurden auf der Grundlage dieser Ideologie zwangssterilisiert. Etwa 300 000 Menschen wurden seit 1939 Opfer der zunächst zentral gesteuerten, dann dezentral weitergeführten „Euthanasie"-Morde, wobei die Dimensionen der Krankenmorde in den besetzten Gebieten Ost- und Südosteuropas bisher noch wenig erforscht sind.

Für das „Themenjahr 2013" haben wir das Konzept einer Ausstellung entwickelt, in der sich zwei Biografien miteinander verschränken. Der Lebensweg von Anna Lehnkering steht mit seinen Etappen von ärztlicher Begutachtung, Zwangssterilisierung, Anstaltseinweisung, Selektion und Transport in den Tod beispielhaft für die unfassbar große Zahl von Einzelschicksalen der „Euthanasie"-Opfer. Die Villa in der Tiergartenstraße wiederum ist eine von mehreren Planungszentralen des NS-Terrors, wenn auch exzeptionell durch die Art des Verbrechens und durch die extreme Geheimhaltung. In ihrer „Biografie" manifestiert sich diese Rolle als Ort der NS-Täter, der Funktionäre und ihrer Bürokratien. Darüber hinaus spiegelt sich in ihr die Geschichte des Quartiers am östlichen Tiergartenrand auf konzentrierte Weise: in ihrer baulichen Entwicklung, im Blick auf die Lebensläufe ihrer Eigentümer und Nutzer und schließlich als Leerstelle im Stadtraum: seine stadtgeschichtliche Bedeutung als kulturelles Zentrum und beliebtes Wohn- und Geschäftsquartier für Berliner Juden; die Verdrängung dieser Bewohner; die martialischen Um- und Neugestaltungspläne Albert Speers; die Zerstörungen des Zweiten Weltkriegs und das Vergessen der konkreten Stadtgeschichte in den Nachkriegsjahrzehnten.
Allerdings wurde uns erst im Lauf unserer Recherchen bewusst, wie eng der Lebensweg von Anna Lehnkering, die nie Berlin besucht hatte, und die „Biografie" des Hauses am Tiergartenrand miteinander verknüpft waren: nicht nur im Blick auf die Verantwortlichkeit der Täter in der Zentraldienststelle für Annas Ermordung, sondern ganz unmittelbar im physischen Sinn durch die konkrete Anwesenheit und Beteiligung führender „T4"-Gutachter, Psychiater und Ärzte bei Annas Selektion, Deportation und Ermordung. Am 7. März 1940, dem Tag ihres Todes in Grafeneck, verfolgten Reichsgesundheitsführer Leonardo Conti und Hitlers Leibarzt Karl Brandt zusammen mit weiteren Tätern die „Vergasungen" durch einen Spion in der Gaskammertür.
Bei unseren Recherchen zum Bau der Philharmonie trieb uns besonders die Frage um, ob Hans Scharoun, einer der bedeutendsten Architekten der Nachkriegszeit und engagierter Verfechter einer demokratischen Baukultur, von der Rolle dieses Ortes in der NS-Zeit gewusst hat, als er das Konzerthaus entwarf und die Planungen für das Kulturforum entwickelte. Die Baubude für die Philharmonie, in der er am Schreibtisch fotografiert ist, stand genau auf der Grundfläche der 1955 restlos abgeräumten „T4"-Villa. Scharoun hat sich intensiv mit NS-Architektur auseinandergesetzt, und wir wissen aus Dokumenten, Presse- und Rundfunkbeiträgen jener Zeit, dass die Senats-Entscheidung für den Standort am Tiergartenrand nicht nur pragmatisch der Verfügbarkeit einer großen Freifläche geschuldet war und nicht nur mit seiner Nähe zum Ost-Berliner Zentrum ein politisches Statement darstellte. Die Standortwahl wurde auch als programmatisches Gegenkonzept zu Speers Nord-Süd-Achse verstanden, deren einzig realisiertes Bauwerk, das von der „T4"-Villa nur wenige Schritte entfernte „Haus des Fremdenverkehrs", erst 1964 abgerissen wurde.

Insbesondere die gigantische „Soldatenhalle", die als zukünftige „Weihestätte der Helden" das schmale Gartengrundstück der „T4"-Villa überbaut und zum Verschwinden gebracht hätte, fand in damaligen Texten zum Philharmonie-Neubau mehrfach Erwähnung. Zur Rolle der Villa als „Euthanasie"-Planungszentrale lassen sich jedoch weder in Scharouns Nachlass noch in zeitgenössischen Berichten Hinweise finden. Trotz der „Ärzteprozesse" in beiden Teilen Deutschlands in den Jahren nach Kriegsende und 1962, die auch Resonanz in der Presse gefunden hatten, wurde die Schaltstelle der „T4"-Aktion ebenso wie das Ausmaß der Verbrechen von der Öffentlichkeit offensichtlich nicht wahrgenommen.
Die „Wiederentdeckung" des historischen Ortes durch eine Initiativgruppe um die Berliner Geschichtswerkstatt 1987, die Bronzetafel im Boden, die Gedenkveranstaltungen seit 1989 und die verschiedenen weiteren Versuche seit 2007, Ort und Thema im Stadtbild sichtbar zu machen, stellten die Weichen für den zukünftigen „Gedenk- und Informationsort Tiergartenstraße 4". Mit unserer Open-Air-Dokumentation knüpfen wir an diese Markierungs-Versuche an und setzen sie fort. Dass wir die Gegenwartsbezüge des Themas, insbesondere die Konsequenzen der historischen Erfahrungen für die heutige Gesellschaft, hier nur am Rande einbeziehen konnten, bedauern wir sehr. Grundlegende Fragen des gesellschaftlichen Umgangs mit Behinderung, mit Schwäche und Alter, nicht zuletzt mit psysischen Erkrankungen sind nach wie vor nicht gelöst. Der Blick auf die Vergangenheit kann helfen, die Mechanismen und Denkmuster von Ausgrenzung und Stigmatisierung zu verstehen und aktuellen Wiederholungsgefahren entgegenzuwirken.
Unsere Ausstellung kam als Beitrag zum „Themenjahr 2013" durch die finanzielle Förderung des Hauptstadtkulturfonds zustande. Die Kulturprojekte Berlin GmbH betreute die Aktivitäten. Kulturstaatssekretär André Schmitz hatte uns ermutigt, unseren Projektantrag in diesem Rahmen einzureichen. Wir haben unsere Präsentation als Wanderausstellung konzipiert. Sie ist barrierefrei und enthält Kurzfassungen in englischer und in leichter Sprache, mit Gütesiegel „LL". Über QR-Codes und über die Website können weitere Informationen abgerufen werden: www.t4-ausstellung.de

Die vorliegende Begleitpublikation wurde durch den Journalisten Rainer Höynck ermöglicht. In seiner langjährigen Arbeit als Leiter des Ressorts Kulturkritik und Kulturpolitik beim RIAS Berlin hat er sich immer besonders für Erinnerungskultur eingesetzt. Für seine private Spende sei ihm besonders herzlich gedankt.

Stefanie Endlich | Sigrid Falkenstein | Helga Lieser | Ralf Sroka

Uwe Neumärker | Ulrich Baumann

Der Weg in den Holocaust – die nationalsozialistischen Patientenmorde in Europa

Am 1. Dezember 1941 – mitten im „Russlandfeldzug" der Wehrmacht – zieht SS-Standartenführer Karl Jäger (1888–1959) Bilanz: In der „Gesamtaufstellung" der im Bereich seines Einsatzkommandos seit dem 4. Juli „durchgeführten Exekutionen" kommt er auf 137 346 ermordete Menschen. Tag für Tag, Ort für Ort hatte ein um die zehn Mann starkes Rollkommando unter Joachim Hamann (1913–1945) „in Zusammenarbeit mit den lit. [auischen] Partisanen" (bis zu 60 Leute) vor allem „Juden, Jüdinn., J.-Kind." erschossen. Wie selbstverständlich findet sich in dieser akribischen Momentaufnahme des Holocaust für den 22. August 1941 der Eintrag, dass die mobile SS-Einheit im lettischen Aglohn 269 Männer, 227 Frauen und 48 Kinder als „Geisteskranke" liquidiert habe. Am nächsten Tag setzte sie ihre Mordserie an litauischen Juden fort. Aglohn ist eines von vielen Krankenhäusern im Osten, die SS-Angehörige seit dem deutschen Angriff auf Polen, dem Beginn des Zweiten Weltkrieges, am 1. September 1939 und dem Überfall auf die Sowjetunion am 22. Juni 1941 leer gemordet hatten. Während die Berliner Zentrale für den Gasmord an Patienten und Heimbewohnern auf deutschem Boden in der Tiergartenstraße 4 (Aktion „T 4") im Herbst 1939 noch plante, schritt der NSDAP-Gauleiter von Pommern, Franz Schwede-Coburg (1888–1960), bereits zur Tat. Er ließ die Bewohner pommerscher Anstalten zusammenziehen und in den Gau Danzig-Westpreußen im ehemaligen polnischen Korridor bringen. Dort wurden sie durch eine SS-Einheit erschossen. Dieses Verbrechen an deutschen Patienten war Teil der bereits im September 1939 angelaufenen Massenmorde im besetzten Polen, denen 80 000 Angehörige der polnischen Oberschicht und bis zu 17 000 psychisch Kranke – meist zusammen mit ihren Ärzten und Pflegern – zum Opfer fielen. Die Tatorte in entlegenen Wäldern kennen selbst Experten selten: Piasnitz bei Danzig, Spengawsken bei Preußisch Stargard oder Schwetz an der Weichsel. Dabei stehen sie für den „Auftakt zum Vernichtungskrieg" (Jochen Böhler). Auch das VII. Fort in Posen war ein solcher Ort: Hier töteten SS-Angehörige zwischen September und Dezember 1939 400 psychiatrische Patienten erstmals mit Giftgas.

In Ostpreußen war es Gauleiter Erich Koch (1896–1986), der seine Pläne für den Massenmord an Pfleglingen vorantrieb und von Reichsführer-SS Heinrich Himmler (1900–1945) nur noch genehmigen ließ. Das SS-Sonderkommando Lange, das zuvor polnische Anstalten „geleert" und über 2000 Patienten – etwa in Gnesen, Posen oder Kosten – in Gaswagen ermordet hatte, räumte Ende Mai 1940 mehrere Provinzialanstalten, die Koch in seiner Eigenschaft als ostpreußischer Oberpräsident unterstanden, vollständig oder teilweise und verschleppte die Patienten in die Kasernenanlage von Soldau. Bis zum 8. Juni 1940 ermordete das Kommando dort 1558 Deutsche und bis zu 300 Polen mit geistiger Behinderung in einem Gaswagen. Die nunmehr leeren Heilanstalten in Allenberg bei Wehlau und Carlshof übernahm die Waffen-SS zur Pacht; in Carlshof kamen im Frühjahr 1941 Wacheinheiten der Leibstandarte „Adolf Hitler" für das Führerhauptquartier „Wolfsschanze" unter. Ab Anfang Dezember 1941 betrieb dasselbe SS-Sonderkommando mit Herbert Lange (1909–1945) als Leiter das erste Vernichtungslager auf polnischem Boden – Kulmhof am Ner (Chełmno) im Warthegau. Dort ermordete es bis 1944 über 152 000 Menschen – vor allem Juden, darunter 2600 aus Berlin. Die Verbindung der „Euthanasie" mit dem Holocaust ist offensichtlich.

Seit Sommer 1939, zeitgleich mit der Vorbereitung des Angriffs auf Polen durch die Wehrmacht, plante das Hauptamt II der „Kanzlei des Führers" den Mord an jugendlichen und erwachsenen Insassen von Heil- und Pflegeanstalten. „Legalisiert" wurde der Mord durch ein Schreiben Adolf Hitlers (1889–1945) vom Oktober 1939, das auf den 1. September, den Tag des Kriegsbeginns, zurückdatiert wurde. NSDAP-Reichsleiter Philipp Bouhler (1899–1945) sowie Hitlers Begleitarzt Dr. Karl Brandt (1904–1948) erhielten darin den Auftrag, ärztliche Befugnisse so zu erweitern, dass unheilbar Kranken der „Gnadentod gewährt werden kann". Die Rückdatierung des Erlasses macht deutlich, dass für die deutsche Führung mit der militärischen Expansion endgültig auch der „Krieg im Inneren" begonnen hatte. Von der Berliner Zentraldienststelle in der Tiergartenstraße 4 wurden Meldebögen an die Heil- und Pflegeanstalten im Deutschen Reich und den angegliederten Gebieten – wie Österreich oder Böhmen-Mähren – versandt. Etwa 40 von der Zentrale angeworbene Ärzte begutachteten die Patienten und entschieden damit über Leben und Tod. Die ausgewählten Patienten – Kinder, Frauen und Männer – wurden zur Tarnung in sogenannte Zwischenanstalten – eingerichtet ab Frühjahr 1940 – gebracht. Busse der Gemeinnützigen Krankentransport GmbH (GeKraT), einer Tarnfirma der Zentrale in der Tiergartenstraße, transportierten die Patienten zwischen Januar 1940 und August 1941 in eine der sechs Tötungsanstalten Grafeneck (Württemberg), Brandenburg an der Havel, Hartheim (Oberösterreich), Pirna-Sonnenstein (Sachsen), Bernburg (Anhalt) und Hadamar (Hessen-Nassau).
Hier kamen die Verschleppten in Gaskammern nach der Einleitung von Kohlenmonoxid qualvoll um. Angestellte der Tötungsanstalten verbrannten ihre Leichen in Krematorien. Der Mordarzt

Eines der 39 Massengräber für 13 000 im Herbst 1939 Erschossene, darunter etwa 2000 psychiatrische Patienten der Heilanstalt Konradstein bei Preußisch Stargard, im Wald von Spengawsken.

www.memorialmuseums.org

hatte bereits bei der „Untersuchung" vor der „Vergasung" eine unverfängliche Todesursache, die er aus einem Katalog vorgegebener Möglichkeiten auswählen konnte, vermerkt. Angehörige wurden in sogenannten Trostbriefen nach festem Schema benachrichtigt, Todesorte und Todesdaten gefälscht. Die Mordärzte verwendeten bei der Unterschrift Decknamen. 70 273 Kinder, Frauen und Männer kamen laut Statistik auf diese Weise gewaltsam zu Tode, bis die Aktion im Sommer 1941 offiziell eingestellt wurde.
Am 22. Juni 1941 marschierte die Wehrmacht in die Sowjetunion ein. In ihrem Gefolge führten Einsatzgruppen der SS Massenmorde an Juden, Kommunisten, Roma und psychisch kranken Menschen aus. Oft ist in den sogenannten Ereignismeldungen der SS über die „Sonderbehandlung" von „Zigeunern, Asozialen, Geisteskranken und Saboteuren" zu lesen. Mindestens 17 000 Patienten psychiatrischer Anstalten und Behindertenheime kamen in der eroberten Sowjetunion gewaltsam zu Tode, weil sie als „unnütze Esser" galten oder die Kliniken für eine andere Nutzung benötigt wurden. Über alle diese Menschen ist fast nichts überliefert. Die „Kanzlei des Führers" stellte Ende 1941/Anfang 1942 über 90 Angestellte der „T 4"-Zentrale an die SS ab. Kraftfahrer, Leichenverbrenner, aber auch Bürokräfte beteiligten sich nun an der Umsetzung der „Aktion Reinhardt", dem Massenmord an den Juden Zentralpolens in den drei Vernichtungsstätten Bełżec, Sobibór und Treblinka. Sämtliche Angehörige der SS-Belegschaft in diesen Mordeinrichtungen unterstanden weiterhin der „T 4" und bezogen ihre Einkommen von dort. Der „Aktion Reinhardt" fielen bis 1943 etwa 1,75 Millionen Juden sowie Tausende Sinti und Roma durch Motorabgase zum Opfer.

Das Ende der Gasmorde bedeutete nicht das Ende der Tötung von Patienten und Heimbewohnern im Deutschen Reich; nunmehr wurden Aushungern und die Verabreichung von Medikamenten als Methode angewandt. Der Verlauf des Verbrechens hing eng mit der veränderten Kriegssituation zusammen. Die Wehrmacht befand sich in verlustreichen Rückzugsgefechten und benötigte Lazarettbetten; gleichzeitig suchten immer mehr Krankenhäuser infolge der Zerstörungen durch den Luftkrieg nach Ausweichquartieren. Trat dieser Bedarfsfall ein, wurden psychisch Kranke oder Behinderte in andere Anstalten verlegt und ihre Betten an Patienten städtischer Krankenhäuser vergeben. 90 000 Menschen wurden in der Phase der dezentralen Krankenmorde allein auf dem Gebiet des Deutschen Reiches (Grenzstand 1937) in den aufnehmenden Anstalten umgebracht. Die geschätzte Gesamtzahl der Opfer dieses zentralen Verbrechens während des Nationalsozialismus liegt für das Deutsche Reich bei etwa 216 000, für ganz Europa bei 300 000. Aber es gibt unzählige weiße Flecken auf der Landkarte.

Während die Täter und Mittäter nach 1945 nur selten zur Rechenschaft gezogen wurden, verweigerten Staat und Gesellschaft den überlebenden und ermordeten Opfern lange ihre Anerkennung und eine würdevolle Erinnerung. Die Angehörigen schwiegen – und schweigen meist noch immer. Zwangssterilisierten in Westdeutschland blieben nach dem Bundesentschädigungsgesetz praktisch keine Möglichkeiten, einen finanziellen Ausgleich für ihre Leiden zu erhalten. Bis heute sind sie nicht als Opfer der Verfolgung gemäß Bundesentschädigungsgesetz anerkannt.

Der nationale Gedenk- und Informationsort für die Opfer der nationalsozialistischen „Euthanasie"-Morde am historischen Ort der Schreibtischmörder ist ein sichtbares Zeichen des wiedervereinigten Deutschland für die Verantwortung auch dieser Gruppe gegenüber. Aber er darf nicht der berüchtigte Schlussstrich bei der Aufklärung über Tat, Täter und Opfer sein.

Dr. Ulrich Baumann geboren 1967 in Trier; Diss. über Christen und Juden in badischen Landgemeinden 1862–1940; Mitarbeiter der Claims Conference 1999-2002; Forschungsprojekt zu Unternehmerinnen und Geschäftsfrauen in Berlin 1900-61 (laufend); seit 2002 Mitarbeiter, seit 2008 stellv. Direktor der Stiftung Denkmal für die ermordeten Juden Europas. Einer der Kuratoren für den „Ort der Information" und für die Ausstellungen „,Was damals Recht war…' - Soldaten und Zivilisten vor Gerichten der Wehrmacht", „Es brennt!", „Der Prozess - Adolf Eichmann vor Gericht".

Uwe Neumärker geboren 1970 in Berlin-Mitte; Studium der Germanistik und Slawistik in Berlin; ab März 2002 wissenschaftlicher Mitarbeiter, ab September 2005 Geschäftsführer, seit Juli 2009 Direktor der Stiftung Denkmal für die ermordeten Juden Europas. Hauptautor von „Wolfsschanze. Hitlers Machtzentrale im Zweiten Weltkrieg" (1999/2008) und „Görings Revier. Jagd und Politik in der Rominter Heide" (2007/08); Veröffentlichungen zu den Themen Ostpreußen, Litauen und Nationalsozialismus.

Eine Villa am Rand des Tiergartens

8x täglich ab 9,-
BerlinLinienBus.de
Bus
heerlein
werbetechnik
030-216 34 07

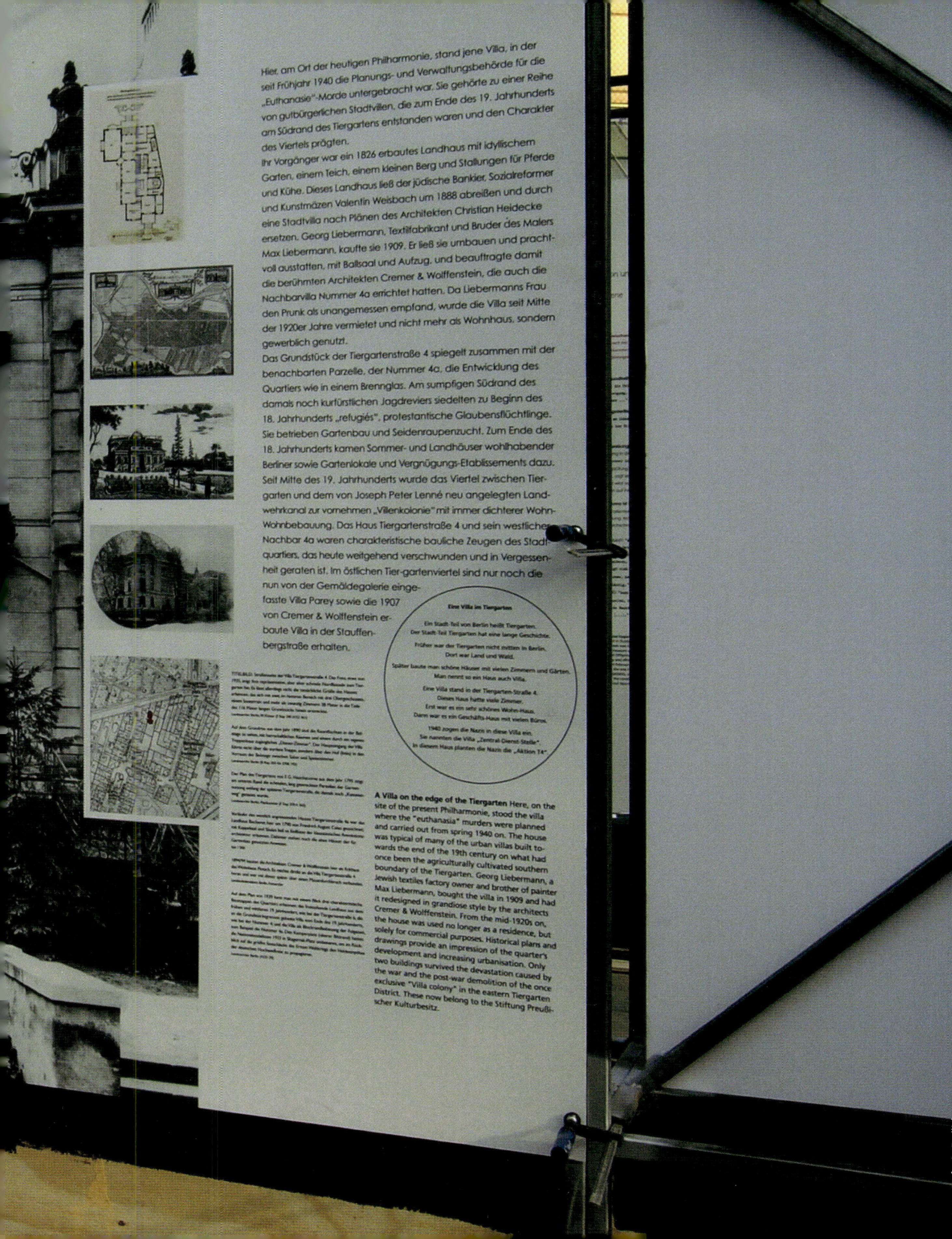

Foto: Stefanie Endlich

Eine Villa am Rand des Tiergartens

Hier, am Ort der heutigen Philharmonie, stand jene Villa, in der seit Frühjahr 1940 die Planungs- und Verwaltungsbehörde für die „Euthanasie"-Morde untergebracht war. Sie gehörte zu einer Reihe von gutbürgerlichen Stadtvillen, die zum Ende des 19. Jahrhunderts am Südrand des Tiergartens entstanden waren und den Charakter des Viertels prägten.
Ihr Vorgänger war ein 1826 erbautes Landhaus mit idyllischem Garten, einem Teich, einem kleinen Berg und Stallungen für Pferde und Kühe. Dieses Landhaus ließ der jüdische Bankier, Sozialreformer und Kunstmäzen Valentin Weisbach um 1888 abreißen und durch eine Stadtvilla nach Plänen des Architekten Christian Heidecke ersetzen. Georg Liebermann, Textilfabrikant und Bruder des Malers Max Liebermann, kaufte sie 1909. Er ließ sie umbauen und prachtvoll ausstatten, mit Ballsaal und Aufzug, und beauftragte damit die berühmten Architekten Cremer & Wolffenstein, die auch die Nachbarvilla Nummer 4a errichtet hatten. Da Liebermanns Frau den Prunk als unangemessen empfand, wurde die Villa seit Mitte der 1920er Jahre vermietet und nicht mehr als Wohnhaus, sondern gewerblich genutzt.
Das Grundstück der Tiergartenstraße 4 spiegelt zusammen mit der benachbarten Parzelle, der Nummer 4a, die Entwicklung des Quartiers wie in einem Brennglas. Am sumpfigen Südrand des damals noch kurfürstlichen Jagdreviers siedelten zu Beginn des 18. Jahrhunderts „refugiés", protestantische Glaubensflüchtlinge. Sie betrieben Gartenbau und Seidenraupenzucht. Zum Ende des 18. Jahrhunderts kamen Sommer- und Landhäuser wohlhabender Berliner sowie Gartenlokale und Vergnügungs-Etablissements dazu. Seit Mitte des 19. Jahrhunderts wurde das Viertel zwischen Tiergarten und dem von Joseph Peter Lenné neu angelegten Landwehrkanal zur vornehmen „Villenkolonie" mit immer dichterer Wohnbebauung. Das Haus Tiergartenstraße 4 und sein westlicher Nachbar 4a waren charakteristische bauliche Zeugen des Stadtquartiers, das heute weitgehend verschwunden und in Vergessenheit geraten ist. Im östlichen Tiergartenviertel sind nur noch die nun von der Gemäldegalerie eingefasste Villa Parey sowie die 1907 von Cremer & Wolffenstein erbaute Villa in der Stauffenbergstraße erhalten.

Straßenseite der Villa Tiergartenstraße 4. Das Foto, etwa von 1935, zeigt ihre repräsentative, aber eher schmale Nordfassade zum Tiergarten hin. Es lässt allerdings nicht die tatsächliche Größe des Hauses erkennen, das sich mit zwei, im hinteren Bereich mit drei Obergeschossen, einem Souterrain und mehr als zwanzig Zimmern 38 Meter in die Tiefe des 116 Meter langen Grundstücks hinein erstreckte.
Foto: W. Köster, Landesarchiv Berlin (F_Rep_290_0152_461)

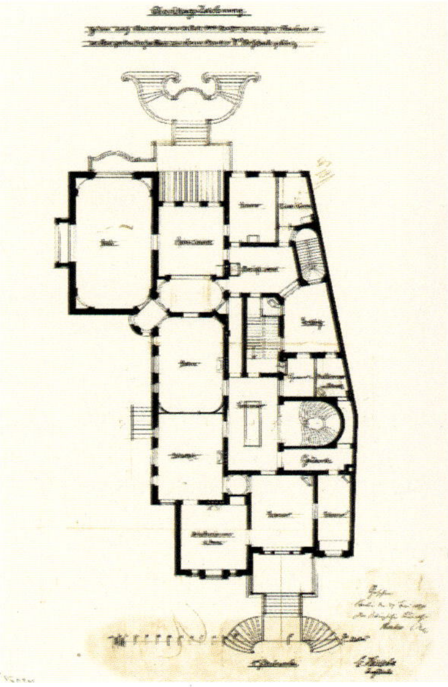

Auf dem Grundriss von 1890 sind die Raumfluchten in der Beletage zu sehen, mit herrschaftlichen Räumen und einem durch ein eigenes Treppenhaus zugängliches „Diener-Zimmer". Der Haupteingang der Villa führte nicht über die vordere Treppe, sondern über den Hof (links) in den Vorraum der Beletage zwischen Salon und Speisezimmer.
Landesarchiv Berlin (Rep_202_3706_Bl.192)

Auf dem Plan von 1939 kann man mit einem Blick drei charakteristische Bauetappen des Quartiers erkennen: das freistehende Landhaus aus dem frühen und mittleren 19. Jahrhundert, wie bei der Tiergartenstraße 6; die an die Grundstücksgrenzen gebaute Villa vom Ende des 19. Jahrhunderts, wie bei der Nummer 4; und die Villa als Blockrandbebauung der Folgezeit, zum Beispiel die Nummer 4a. Den Kemperplatz (oberer Bildrand) hatten die Nationalsozialisten 1933 in Skagerrak-Platz umbenannt, um im Rückblick auf die größte Seeschlacht des Ersten Weltkriegs den Heldenmythos der deutschen Hochseeflotte zu propagieren.
Landesarchiv Berlin (F_REP_270, A 2000, Bl. 4233_1939)

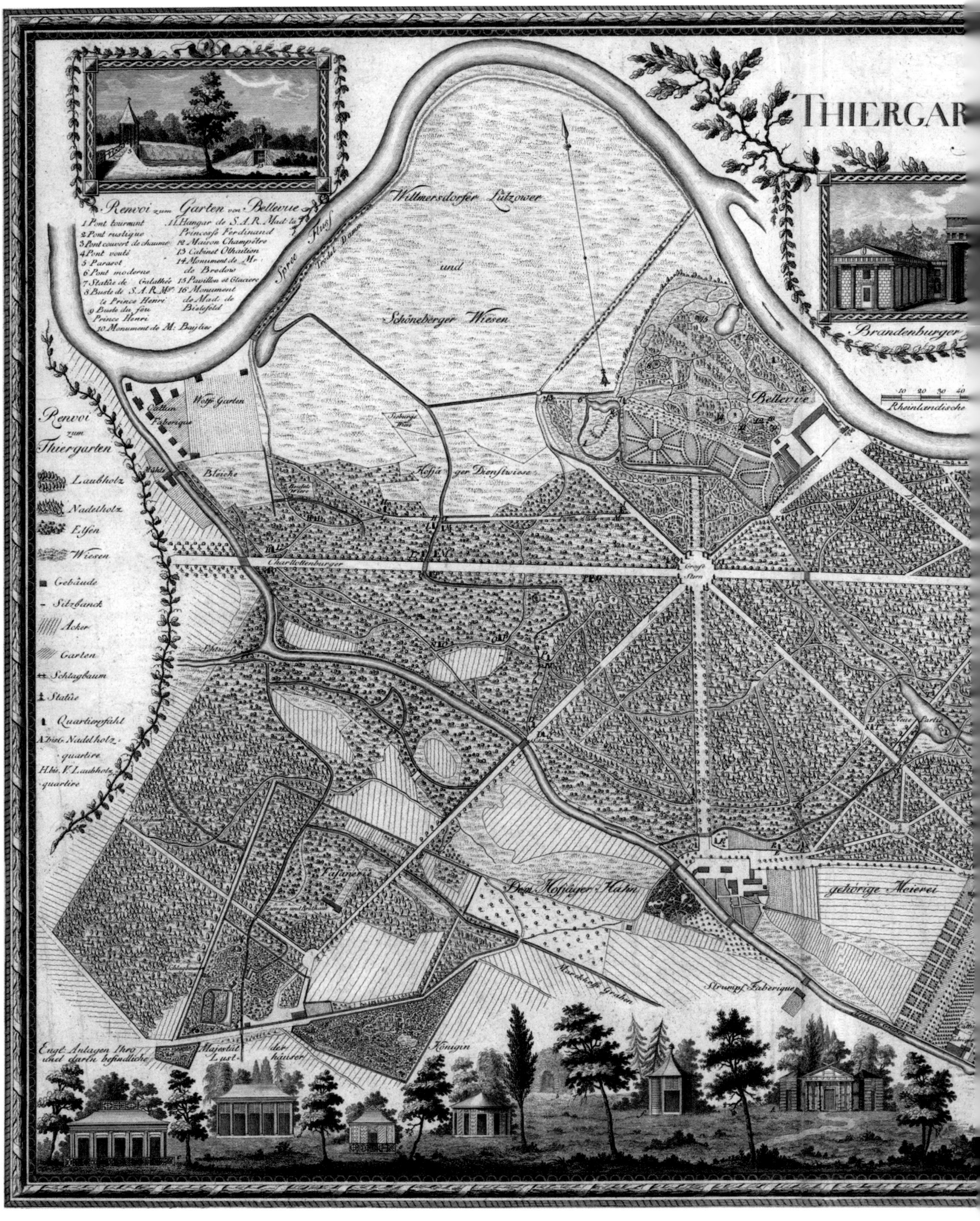
THIERGAR
Renvoi zum Garten von Bellevue
1 Pont tournant
2 Pont rustique
3 Pont couvert de chaume
4 Pont vouté
5 Parasol
6 Pont moderne
7 Statüe de Galathée
8 Buste de S.A.R. Mgr. le Prince Henri
9 Buste du feu Prince Henri
10 Monument de M: Baylies
11 Hangar de S.A.R. Mad: la Princesse Ferdinand
12 Maison Champêtre
13 Cabinet Othaition
14 Monument de Mr de Bredow
15 Pavillon et Glaciere
16 Monument de Mad: de Bielefeld
Spree Fluss
Willmersdorfer Lützower
und
Schöneberger Wiesen
Brandenburger
Rheinländische
Bellevue
Renvoi zum Thiergarten
Laubholz
Nadelholz
Elsen
Wiesen
Gebäude
Sitzbank
Acker
Garten
Schlagbaum
Statüe
Quartierpfahl
A. bis G. Nadelholz quartire
H. bis V. Laubholz quartire
Wolff Garten
Cattun Faberique
Bleiche
Hoffjäger Dienstwiese
Charlottenburger
Grosse Stern
Neue Partie
Fasanerie
Dem Hoffjäger Hahn
gehörige Meierei
Strumpf Faberique
Engl. Anlagen Ihro Majestät der Königin
und darin befindliche Lust-häuser

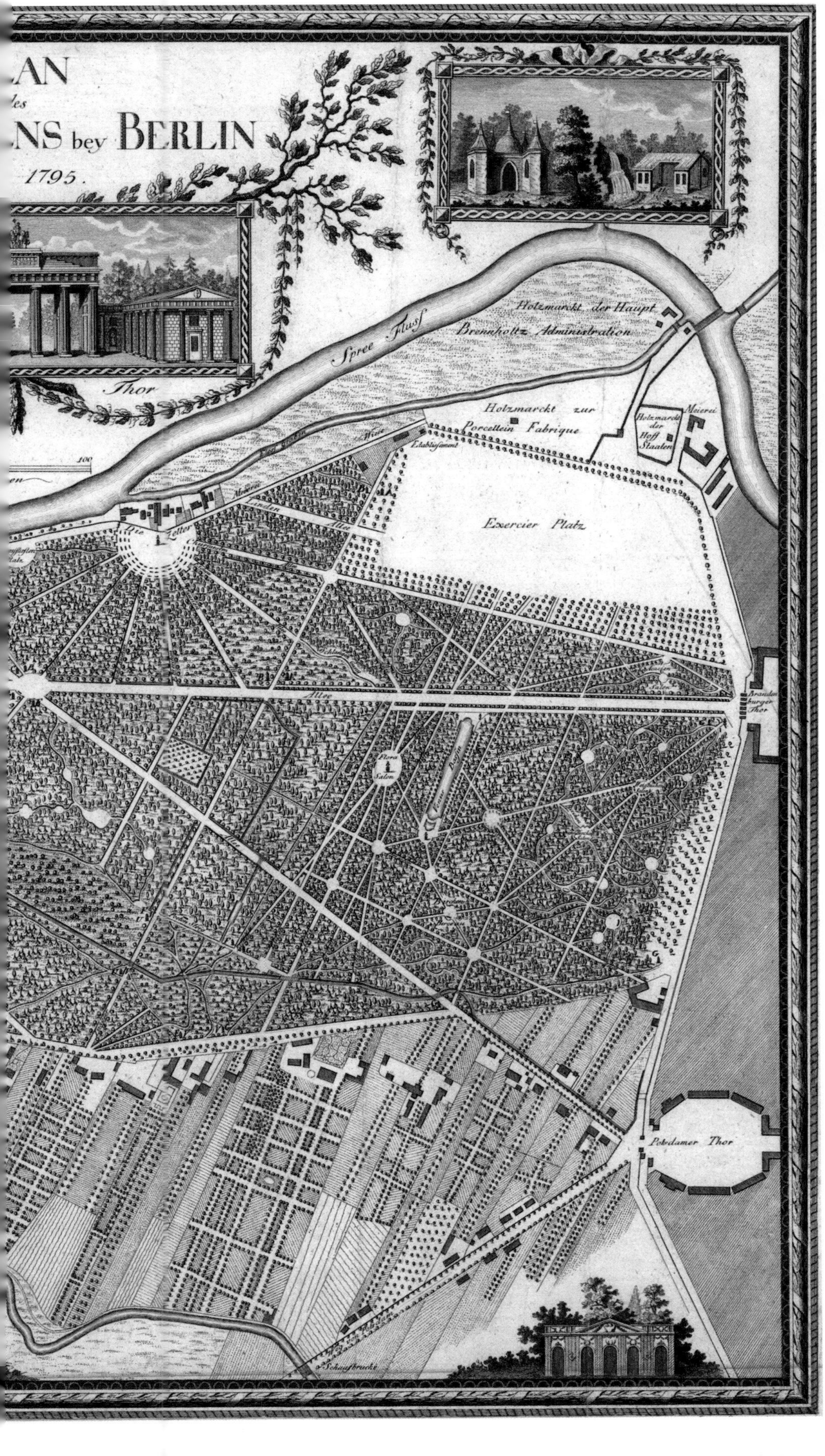

Der Plan des Tiergartens von F. G. Hauchecorne aus dem Jahr 1795 zeigt am unteren Rand die schmalen, lang gestreckten Parzellen der Gartennutzung entlang der späteren Tiergartenstraße, die damals noch „Kanonenweg" genannt wurde.
Landesarchiv Berlin (F_REP_270_A_562)

Vorläufer des westlich angrenzenden Hauses Tiergartenstraße 4a war das Landhaus Becherer, hier um 1790 von Friedrich August Calau gezeichnet; mit Kuppelsaal und Säulen ließ es Einflüsse der klassizistischen Revolutionsarchitektur erkennen. Dahinter stehen noch die alten Häuser der für Gartenbau genutzten Anwesen.
Bildarchiv Preussischer Kulturbesitz (Nr. 00082969)

1894/94 bauten die Architekten Cremer & Wolffenstein hier als Eckhaus das Wohnhaus Pintsch. Es reichte direkt an die Villa Tiergartenstraße 4 heran und war mit dieser später über einen Mauerdurchbruch verbunden.
Foto Marburg (LKB 12 263 D), Julius Pintsch, 1914 (mi03917f01a.jpg)

A Villa on the edge of the Tiergarten

Here, on the site of the present Philharmonie, stood the villa where the "euthanasia" murders were planned and carried out from spring 1940 on. The house was typical of many of the urban villas built towards the end of the 19th century on what had once been the agriculturally cultivated southern boundary of the Tiergarten. Georg Liebermann, a Jewish textiles factory owner and brother of painter Max Liebermann, bought the villa in 1909 and had it redesigned in grandiose style by the architects Cremer & Wolffenstein. From the mid-1920s on, the house was used no longer as a residence, but solely for commercial purposes. Historical plans and drawings provide an impression of the quarter's development and increasing urbanisation. Only two buildings survived the devastation caused by the war and the post-war demolition of the once exclusive "Villa colony" in the eastern Tiergarten District. These now belong to the Stiftung Preußischer Kulturbesitz.

Die Leichte Sprache oder Einfache Sprache ist eine besonders leicht verständliche sprachliche Ausdrucksweise. Sie erleichtert Menschen das Verstehen von Texten. Besonders hilfreich ist sie für Menschen, die aus unterschiedlichen Gründen über eine geringe Kompetenz in der deutschen Sprache verfügen. Sie dient damit auch der Barrierefreiheit.
wikipedia.org

Eine Villa im Tiergarten

Ein Stadt-Teil von Berlin heißt Tiergarten.
Der Stadt-Teil Tiergarten hat eine lange Geschichte.

Früher war der Tiergarten nicht mitten in Berlin.
Dort war Land und Wald.

Später baute man schöne Häuser mit vielen Zimmern und Gärten.
Man nennt so ein Haus auch Villa.

Eine Villa stand in der Tiergarten-Straße 4.
Dieses Haus hatte viele Zimmer.
Erst war es ein sehr schönes Wohn-Haus.
Dann war es ein Geschäfts-Haus mit vielen Büros.

1940 zogen die Nazis in diese Villa ein.
Sie nannten die Villa „Zentral-Dienst-Stelle“.
In diesem Haus planten die Nazis die „Aktion T4“.

Walter Benjamin, selbst Sohn eines Kunsthändlers, erinnert sich in einer Rundfunksendung für Kinder an die Tiergartenstraße 4: „Ich will ihnen nämlich verraten, wo gerade jetzt die schönsten Labyrinthe, die mir je vorgekommen sind, zu sehen sind. Das ist bei dem Buchhändler Paul Graupe, der in seinem großen schönen Haus einen ganzen Saal für die schnurrigen Stadt-, Wald-, Berg-, Tal-, Burgen- und Brücken-Labyrinthe eingeräumt hat ... Putzt euch aber die Stiefel schön ab, denn bei Paul Graupe ist es sehr vornehm. Wenn ihr dann zwischen den Stadtbildern, Landkarten und Plänen, die ihr dort findet, einen Blick zum Fenster hinauswerft, so habt ihr gerade wieder den Tiergarten vor euch, und damit sind wir selber heute ganz labyrinthisch herumspaziert ...“.

Walter Benjamin, Ein Berliner Straßenjunge, aus der Reihe „Aufklärung für Kinder“, die der Autor in den Jahren 1929 bis 1932 für die Jugendstunde der Berliner Rundfunkgesellschaft „Funk-Stunde AG“ verfasst und im wenige Schritte von der Tiergartenstraße 4 entfernten alten Studio des Vox-Hauses in der Potsdamer Straße 10 selbst gesprochen hat

Die Villa wird NS-Adresse

Das östliche Tiergartenviertel war nicht nur ein nobles, geradezu legendäres Wohnquartier, das die Adressen vieler prominenter bildender Künstler, Schriftsteller, Musiker, Verleger, Ärzte, Politiker und Bankiers aufwies. Es wurde auch zu einem Zentrum für Galerien und Kunsthandlungen; insbesondere während der Weltwirtschaftskrise und den damit einhergehenden Vermögensverlusten wurden viele Wohnungen in Gewerberäume umgewidmet, zum Beispiel die nicht mehr vermietbare Tiergartenstraße 4a, nun Sitz der Kunsthandlung Flatow & Priemer. Seit Mitte der 1920er Jahre wurde auch die Villa Tiergartenstraße 4 von Kunst- und Antiquitätenhändlern genutzt. Im Erdgeschoss befand sich die Kunsthandlung Ball, in den Obergeschossen das Antiquar- und Auktionshaus Graupe. Der jüdische Kunsthändler Paul Graupe und die Dresdener Firma Hermann Ball schlossen sich 1927 zusammen; zur Zeit der Weltwirtschaftskrise versteigerten sie hier unter dem Namen „Ball & Graupe" wertvolle Sammlungen. Weitere fünf Kunsthandlungen, auch sie in jüdischem Besitz, befanden sich in unmittelbarer Nachbarschaft.
Nach der Machtübernahme durch die Nationalsozialisten zog – so berichtet der Enkel von Georg Liebermann – die Geschäftsstelle einer SA-Einheit in die Tiergartenstraße 4, danach eine Einheit der Berliner Landespolizei. Anfang 1935 oder schon Ende 1934 übernahm die Auslandsorganisation der NSDAP das Haus sowie die benachbarte Tiergartenstraße 4a. 1935 ließ sie über Brandwanddurchbrüche beide Häuser mit insgesamt rund hundert Zimmern zu einer gemeinsamen Nutzung verbinden.
Der Hauseigentümer Hans Liebermann beging 1938 Selbstmord, um dem Konzentrationslager zu entgehen. 1936 hatte er seiner nichtjüdischen Ehefrau Klara seinen Anteil an dem Haus überschrieben. Dieses ging 1940 in den Besitz des Reichsfiskus (Heer) über, der im Blick auf die Umbaupläne Alfred Speers für die zukünftige „Welthauptstadt" auch alle Häuser der Nachbarschaft aufkaufte oder enteignete.
Im Mai 1940 zog jene Tarnorganisation in die Tiergartenstraße 4, die die „Euthanasie"-Morde plante und verwaltete. Als Eigentümer des Hauses trat das Oberkommando des Heeres auf.

Die Geschäftsräume von Paul Graupe – hier die Bibliothek in den 1920er Jahren – wurden von dem Innenarchitekten Paul Huldschinsky gestaltet, der im November 1938 in das KZ Sachsenhausen eingeliefert wurde. Beide flüchteten vor den Nationalsozialisten in die USA. Ein Mitarbeiter Graupes, H. W. Lange, beschrieb 1927 die Räumlichkeiten in einem Brief an seine Schwester: „...Unten in den Gesellschaftsräumen haust ein Antiquitätenhändler mit wundervollen alten Möbeln, Porzellan und Gobelins. In der zweiten Etage sind ... Graupes Räume. Alles in ziemlich kitschiger-süßlicher Manier her- und eingerichtet, ... alles weniger Sammel- wie protzige Neureichräume..."
ullstein bild (00271425) / Zitat: Archiv Friedrich Wolters, Coesfeld

Werbung des Auktionshauses Graupe in der Kunstmarkt-Zeitschrift „Weltkunst" vom 22. Februar 1931

Auslands-Organisation der N.S.D.A.P., Reichsleitung
Hamburg 13, Harvestehuderweg 22

Zweigstelle Berlin

Berlin W 9, den 24. Januar 1935
Lennéstr. 5II

ernspr.: B 1 Kurfürst 3706
chließfach 111, Berlin W 9
ankkonto: Berliner Stadt-
ank, Berlin W 9, Linkstr. 7
ostscheckkonto: Berlin 50096
elegr.: Verbindaus Berlin

gb.-Nr. Eis/H

An die
Städtische Baupolizei
Bez. Tiergarten
Berlin NW 21
Alt Moabit 94

Die Auslands-Organisation der NSDAP hat die beiden Häuser der Tiergartenstrasse 4 und 4a gemietet, da sie auf Befehl des Stellvertreters des Führers ihren Sitz von Hamburg nach Berlin verlegen muss.

Die Auslandsorganisation der NSDAP, die ihren Sitz von Hamburg nach Berlin verlegte, bezog die Tiergartenstraße 4 und 4a, weil in der Wilhelmstraße keine ausreichenden Räume verfügbar waren. Tag und Nacht wurden die beiden Häuser von patrouillierenden Wachen abgeschottet.
Landesarchiv Berlin (Rep_202_3709_Bl.23)

Im Columbushaus des Architekten Erich Mendelsohn am Potsdamer Platz, hier ein Foto von 1940, hatte die Zentraldienststelle für die Krankenmorde 1939 einige Büroräume angemietet, bis sie aus Platzmangel im Mai 1940 mit einem Großteil der Mitarbeiter in die Tiergartenstraße 4 zog.
Landesarchiv Berlin (F_Rep_290_0277392)

The Villa is taken over by the SS

At one time, the Tiergarten District was legendary as a residential district home to many prominent people involved in the fields of art, science and politics; and it was also a centre of cultural life, with its many galleries and art dealers' shops – often with Jewish owners. Tiergartenstrasse 4 was also used by art and antique dealers, such as the Jewish art dealer Paul Graupe, who fled from the Nazis to Paris, and then to the USA. Hans Liebermann, the house-owner, committed suicide in 1938 to escape the concentration camp. In 1934-35, the Foreign Organisation branch of the National Socialist Party took over both the villa at Tiergartenstrasse 4 and the neighbouring house at No. 4a.
In 1940, Tiergartenstrasse 4 passed into the ownership of the Army High Command. In 1940, another organisation moved into No. 4: the cover organisation planning the "euthanasia" murders.
The rooms previously rented in Columbus Haus at Potsdamer Platz proved to be too small for the increasingly extensive tasks of this murderous authority.

In der Villa wohnen jetzt Nazis

Vor dem 2. Welt-Krieg wohnten im Tiergarten
viele reiche Leute.
Zum Beispiel Ärzte, Künstler, Politiker oder Bank-Angestellte. Hier gab es auch viele Kunst-Ausstellungen.

1928 gab es die Welt-Wirtschafts-Krise.
Es gab nicht viel zu kaufen.
Und viele Dinge waren sehr teuer.
Zum Beispiel Essen.

Nach 1933 zogen die Nazis in die Villa in der Tiergarten-Straße 4.
Sie zogen auch in die Villa daneben in der Tiergarten-Straße 4a.
1935 bauten sie beide Häuser um.
Mit einem Gang wurden die beiden Häuser verbunden.

1940 zog hier die „Zentral-Dienst-Stelle" ein.

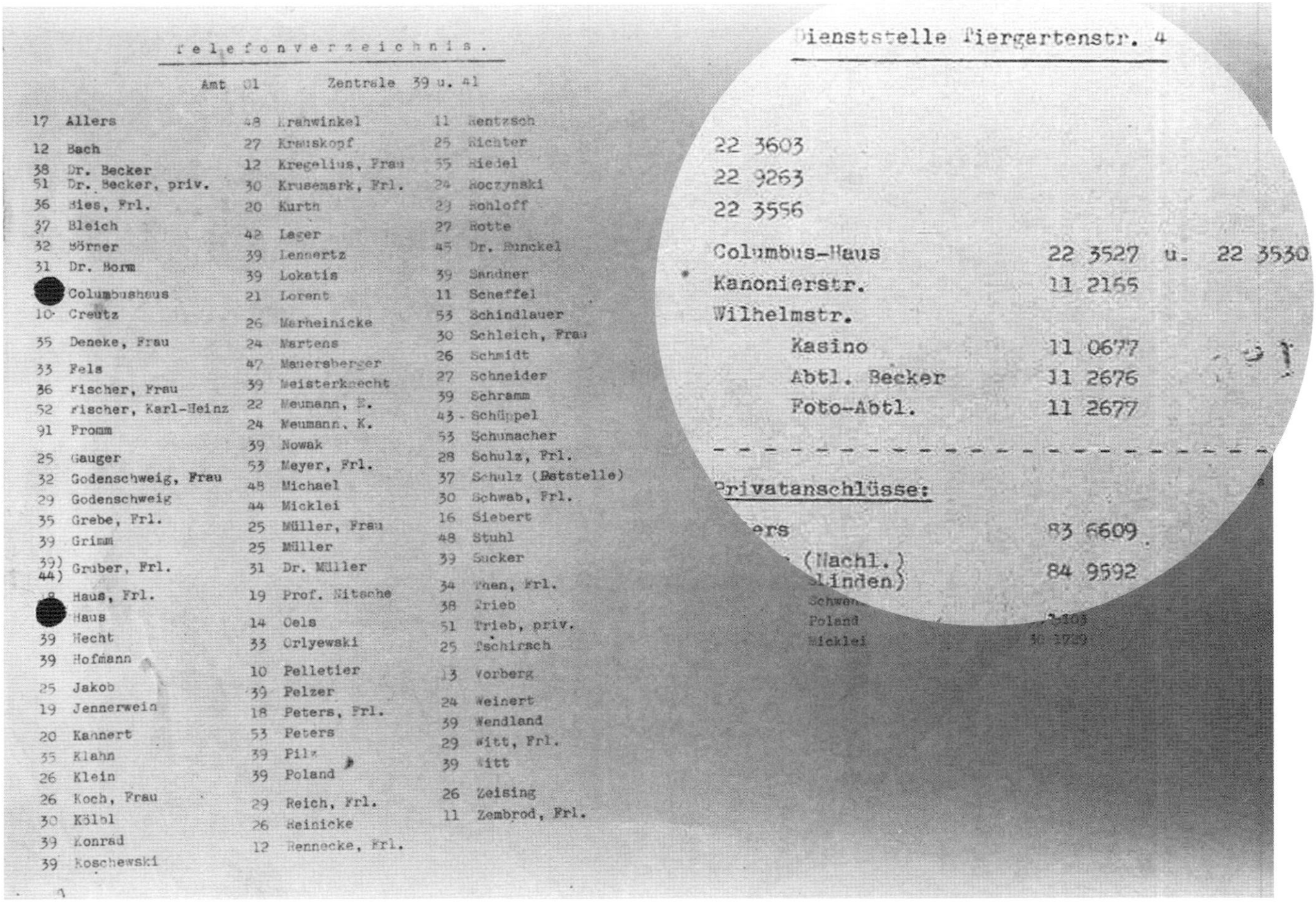

Telefonverzeichnis.

Amt 01 Zentrale 39 u. 41

17 Allers
12 Bach
38 Dr. Becker
51 Dr. Becker, priv.
36 Bies, Frl.
37 Bleich
32 Börner
31 Dr. Borm
Columbushaus
10 Creutz
35 Deneke, Frau
33 Fels
36 Fischer, Frau
52 Fischer, Karl-Heinz
91 Fromm
25 Gauger
32 Godenschweig, Frau
29 Godenschweig
35 Grebe, Frl.
39 Grimm
39) 44) Gruber, Frl.
Haus, Frl.
Haus
39 Hecht
39 Hofmann
25 Jakob
19 Jennerwein
20 Kannert
35 Klahn
26 Klein
26 Koch, Frau
30 Kölbl
39 Konrad
39 Koschewski

48 Krahwinkel
27 Krauskopf
12 Kregelius, Frau
30 Krusemark, Frl.
20 Kurth
42 Leger
39 Lennertz
39 Lokatis
21 Lorent
26 Marheinicke
24 Martens
47 Mauersberger
39 Meisterknecht
22 Neumann, E.
24 Neumann, K.
39 Nowak
53 Meyer, Frl.
48 Michael
44 Micklei
25 Müller, Frau
25 Müller
31 Dr. Müller
19 Prof. Nitsche
14 Oels
33 Orlyewski
10 Pelletier
39 Pelzer
18 Peters, Frl.
53 Peters
39 Pilz
39 Poland
29 Reich, Frl.
26 Reinicke
12 Rennecke, Frl.

11 Rentzsch
25 Richter
55 Riedel
24 Roczynski
29 Rohloff
27 Rotte
45 Dr. Runckel
39 Sandner
11 Scheffel
53 Schindlauer
30 Schleich, Frau
26 Schmidt
27 Schneider
39 Schramm
43 Schüppel
53 Schumacher
28 Schulz, Frl.
37 Schulz (Betstelle)
30 Schwab, Frl.
16 Siebert
48 Stuhl
39 Sucker
34 Then, Frl.
38 Trieb
51 Trieb, priv.
25 Tschirsch
13 Vorberg
24 Weinert
39 Wendland
29 Witt, Frl.
39 Witt
26 Zeising
11 Zembrod, Frl.

Dienststelle Tiergartenstr. 4

22 3603
22 9263
22 3556

Columbus-Haus 22 3527 u. 22 3530
Kanonierstr. 11 2165
Wilhelmstr.
Kasino 11 0677
Abtl. Becker 11 2676
Foto-Abtl. 11 2677

- -

Privatanschlüsse:

...ers 83 6609
... (Nachl.) ...linden) 84 9592
Schwen...
Poland
Micklei

Die Villa als Planungs- und Verwaltungszentrale für die Krankenmorde

Die Behörde gab sich selbst und ihrem „Euthanasie"-Mordprogramm das Tarn-Kürzel der neuen Adresse: „Zentraldienstelle T4". Hier saßen die „Obergutachter" und „Gutachter" der „T4"-Aktion mit ihren Mitarbeitern und Sekretärinnen, insgesamt schätzungsweise sechzig bis achtzig Personen. Hier wurden Patienten und Anstalten umfassend registriert, auch nach der offiziellen Einstellung der „T4"-Aktion. Auch der medizinische Leiter und Obergutachter Werner Heyde hatte hier sein Zimmer. Kopien von Patientenakten, Meldebögen und Gutachten wurden im Souterrain archiviert.

1943 baute man im hinteren Gartenbereich eine Baracke an, in die für einige Monate die „Zentralverrechnungsstelle Heil- und Pflegeanstalten" zog. Mit etwa zwanzig Mitarbeitern regelte sie die finanztechnische Verwaltung der Mordaktion und erzielte zusätzliche Einnahmen durch die Angabe falscher Sterbedaten. Wegen der zunehmenden Bombardierungen wurde die „T4"-Planungsstelle im Herbst und Winter 1943 nach Österreich verlegt, in ein Erholungsheim am Attersee und nach Schloss Hartheim, wo sich eine der zentralen Tötungsstätten befand. Die „T4"-Villa erlitt zum Kriegsende im Kampf um Berlin starke Zerstörungen.

In den Plänen des Generalbauinspektors Albert Speer für die „Welthauptstadt Berlin" war das gesamte Quartier zum Abriss vorgesehen. Für die „Euthanasie"-Zentraldienststelle musste daher auch die „T4"-Villa von Anfang an als Zwischennutzung gelten. Entmietungen, Zwangsverkäufe und die Verdrängung der Bewohner – darunter Klara Liebermann – waren bereits in vollem Gang, auch die Abrisse hatten schon begonnen, als der Krieg die Planungen zum Stillstand brachte. Genau dort, wo die Villa Tiergartenstraße 4 stand, zwischen der Nord-Süd-Achse und einem gigantischen Baukomplex für das Oberkommando des Heeres, war eine „Soldatenhalle" vorgesehen, die der Architekt Wilhelm Kreis als „Weihestätte der Helden" mit Krypta für die toten Soldaten des bevorstehenden Krieges entwarf. Die „Soldatenhalle" war dem „frisch erkämpften Lebensraum" und den dafür zu bringenden „Opfern" gewidmet. Sie sollte der Berliner „Gegenpol" zu den geplanten Totenburgen auf den Schlachtfeldern sein. Damit war vor allem der Eroberungs- und Vernichtungskrieg im Osten gemeint. Der Entwurf der „Soldatenhalle" als „neuer wahrer Dom" wurzelte in derselben rassistischen Ideologie wie das „T4"-Programm der Krankenmorde, das am selben Ort organisiert wurde.

Das Telefonverzeichnis der „T4"-Zentraldienststelle vom August 1943 weist rund hundert Anschlüsse auf, darunter von „Hauptgutachtern" der „Euthanasie"-Morde; rechts oben die Adresse Columbushaus sowie weitere Dienststellen in der Kanonierstraße und der Wilhelmstraße 43 a
National Archives and Records (NARA) 126588

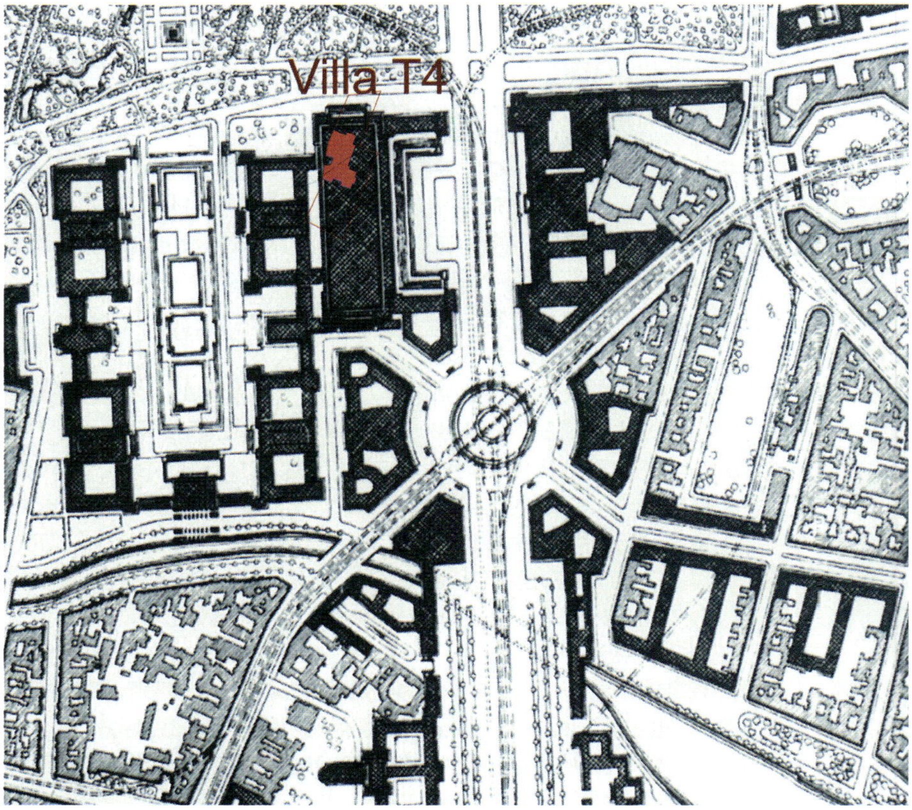

Hitlers Chefarchitekt blickt auf sein Modell für die Nord-Süd-Achse, um 1939; in der Mitte der „Runde Platz" nördlich der Potsdamer Brücke, von dem nur der Rohbau des „Hauses des Fremdenverkehrs" realisiert wurde; links davon der gewaltige blockhafte Riegel der „Soldatenhalle", der das „T4"-Grundstück überdeckt.
Hans J. Reichardt, Wolfgang Schäche, Von Berlin nach Germania, 3. Aufl. Berlin 2005, S.132
Fotobestand W. Schäche, Berlin

Plan des „Runden Platzes" (1940) mit dem monolithischen Baukörper der „Soldatenhalle" am Standort der „T4"-Villa. Links von dieser die Anlage für das Oberkommando der Wehrmacht, die den gesamten Bereich zwischen Tiergarten und Landwehrkanal einnehmen sollte; baulich wie stadträumlich veranschaulicht dieser Komplex die enge Verbindung von Kriegsplanung und Totenkult im Nationalsozialismus.
Fotobestand W. Schäche, Berlin

Das Innere der „Soldatenhalle", hier im Entwurf von Wilhelm Kreis um 1939, mit Tonnengewölbe, Pfeilerreihung und einer heroischen Skulptur von Arno Breker, sollte eine weihevolle Stimmung verbreiten und auf den „Heldentod" im kommenden Krieg vorbereiten.
Fotobestand W. Schäche, Berlin

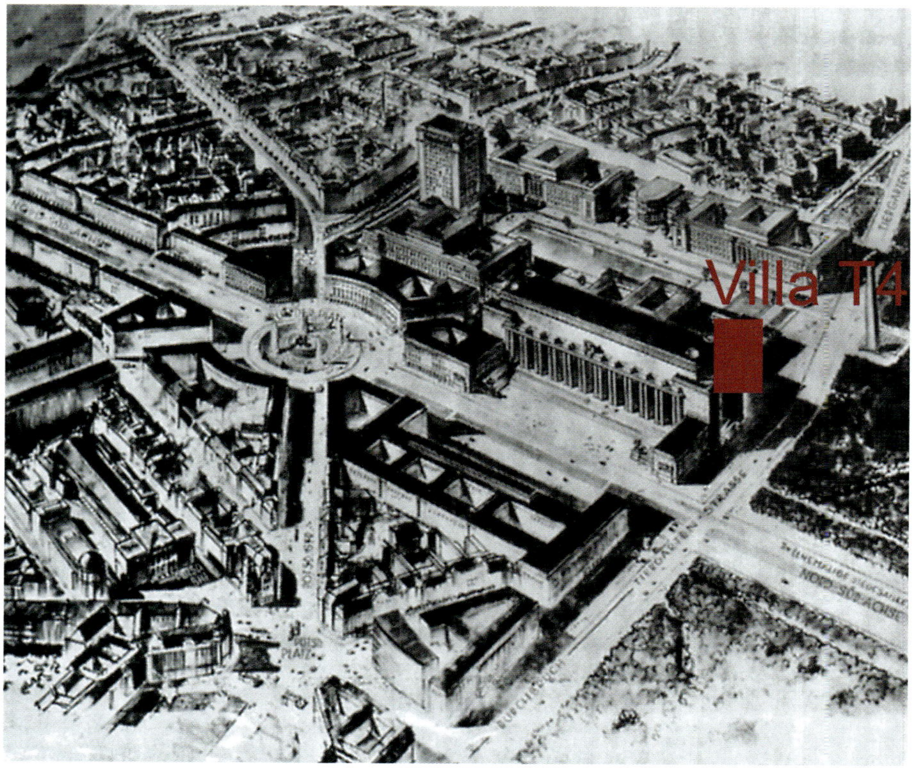

Schauzeichnung des Generalbauinspektors, mit „Rundem Platz" und „Soldatenhalle", rechts der Tiergartenrand
Fotobestand W. Schäche, Berlin

Blick entlang der Tiergartenstraße nach Osten, 1947, vorn rechts die Ruine der Nr. 4a. Dahinter, zurückgesetzt, stand die ausgebrannte Villa Nummer 4.
Foto: Otto Hagemann, Landesarchiv Berlin (F_Rep_290_1_NK_Nr.173596)

The Villa: a centre that planned and administrated the murder of the sick

The authority created a euphemism to describe itself and its murderous "euthanasia" programme: "Central Office T4". Between sixty and eighty people worked here: "chief assessors" and "experts", along with their colleagues and secretaries. They prepared a comprehensive file on all the institution's patients; collected patients' files, reports and registration sheets; made decisions affecting the life or death of inmates; compiled lists of deportees; and meticulously dealt with the financial aspects of murdering the sick. All these activities were continued after the "T4" operation was discontinued in August 1941. By then, Hitler and his chief architect, Albert Speer, had already prepared the plans to demolish the entire Tiergarten District. On the boundary of the North-South axis, and as part of the planning for the "World Capital Berlin", a monumental "Soldiers' Hall" was to be built on the very site where the villa had once stood. It was supposed to serve as the "Holy Site of the Heroes", devoted to the dead soldiers of the imminent war of conquest.

Die Villa und die »Aktion T4«

Die »Aktion T4« war ein Plan.
Damit wurde der Massen-Mord an Menschen mit
Behinderungen und psychischen Krankheiten geplant.

Diese Menschen lebten in Pflege-Heimen, Behinderten-Heimen,
Kranken-Häusern oder in Psychiatrie-Anstalten.
Sie wurden dann in Vernichtungs-Anstalten gebracht und dort getötet.

Die Nazis machten aus der Villa die „Zentral-Dienst-Stelle".
In dieser Villa planten 70 Personen die „Euthanasie"-Morde.

1943 fielen viele Bomben in Berlin.
Deshalb wurde die „Zentral-Dienst-Stelle" nach Österreich verlegt.
Am Ende des Krieges wurde die Villa zerstört.

Es gab einen großen Bau-Plan. Damit wollten die Nazis die
Stadt Berlin zur Reichs-Haupt-Stadt „Germania" machen.
Mit großen Gebäuden wollten sie zeigen,
wie mächtig sie sind.
Aber wegen des Krieges wurde der
Bau-Plan nicht ausgeführt.

Vom Abriss der Villa zum Bau der Philharmonie

Die Villa Tiergartenstraße 4, in den Bauakten als „Vollruine mit Einsturzgefahr" bezeichnet, wurde 1950 gesprengt, ihr Souterrain zugeschüttet. 1955 räumte man das Grundstück. Georg Liebermanns Frau erhielt in den Folgejahren ihr Eigentum an der Villa wieder zugesprochen und verkaufte es an den Berliner Senat. Das Quartier war in den Kämpfen um Berlin schwer beschädigt worden. Die systematische Abräumung des gesamten östlichen Bereichs und der Aufkauf der Grundstücke erfolgten jedoch einige Jahre später im Blick auf das dort geplante Kulturforum.
1963 wurde auf dem Baugrund der „T4"-Villa und der Nachbarhäuser der Neubau der Berliner Philharmonie eingeweiht. Der Architekt Hans Scharoun hatte mit seinem Entwurf den Wettbewerb zunächst für einen ganz anderen Standort gewonnen, neben der Musikhochschule an der Wilmersdorfer Bundesallee. Der Berliner Senat entschied sich jedoch 1959 für den Bauplatz am Tiergartenrand, denn dieser bot großzügigen Freiraum für den ungewöhnlichen Entwurf. Für diesen Bereich hatte Scharoun 1957/58 in seinem Wettbewerbs-Entwurf für die „Hauptstadt Berlin" ein „geistiges Band der Kultur" von der historischen Museumsinsel nach Westen vorgeschlagen, wobei er der autoritären Nord-Süd-Achse Albert Speers das Leitbild einer demokratischen „Stadtlandschaft" entgegensetzte. Mit dem Neubau eines Konzerthauses an dieser Stelle wollte man an dieses Konzept anknüpfen und ein städtebauliches Zeichen gegen Hitlers gigantomanische „Germania"-Planung setzen.
1963 befürwortete der Senat darüber hinaus die Schaffung eines „kulturellen Zentrums" zwischen Landwehrkanal und Kemperplatz. Das in den Folgejahren entstehende Kulturforum war als programmatischer West-Berliner Kontrapunkt zur Ost-Berliner Museumsinsel angelegt. Eine solche Ost-West-Verbindung wurde jedoch nach dem Mauerbau nicht weiter angestrebt. Stattdessen beschloss der Senat, West-Berliner Kultureinrichtungen – wie die 1968 eröffnete Neue Nationalgalerie Ludwig Mies van der Rohes – konzentriert zwischen Kemper- und Matthäikirchplatz anzusiedeln und den Ost-Berliner Stammhäusern von Staatsbibliothek und Gemäldegalerie Pendants im Westen gegenüberzustellen. Den städtebaulichen Wettbewerb 1964 gewann wiederum Hans Scharoun mit einem Entwurf, der solitäre Einzelbauten in unterschiedlicher Größe und Form mit Freiflächen in einer sachten Nord-Süd-Senke kombiniert. Herzstück dieses Konzeptes war und ist die Philharmonie, am Standort der „T4"-Zentrale.

Das Foto zeigt links die Fassade der leer stehenden „T4"-Villa 1949 mit den Beschädigungen, Brandfolgen und Deckenöffnungen, die vermutlich in den letzten Kriegstagen beim Durchbruch der Roten Armee vom Tiergarten zum Bendlerblock entstanden sind. Rechts die Nummer 4a. Hier kann man gut erkennen, wie die Villa Nummer 4 mit ihrem tieferen Vorgarten an die Brandwand der Nummer 4a angrenzte.
Landesarchiv Berlin (B_Rep_202_6540)

Trümmer der Villa Tiergartenstraße 4 im Jahr 1954, Blick nach Südwesten über die Reste der Gartenterrasse; links vorn die Reste der Garage, im Hintergrund das Shell-Haus
Foto: Herbert Ewel, Tiergartenstrasse 4, Innenraum, Foto aus Abräumakten, 1954, Landesarchiv Berlin (A407-21), im Archiv Museum Mitte

Das zukünftige Kulturforum 1965, noch weitgehend auf Tabula-Rasa-Gelände, mit Philharmonie im Hintergrund und Matthäikirche am linken oberen Bildrand; Mitte links die baulichen Reste des „Hauses des Fremdenverkehrs"
Senatsverwaltung für Stadtentwicklung und Umwelt

nächste Seite
Blick von der St. Matthäikirche nach Norden, 1953, über die Trümmer der Tiergartenstraße 4 hinweg, im Hintergrund das Reichstagsgebäude
Landesarchiv Berlin (F_Rep_290_0025090)

Im Abrissbescheid von 1950 steht: „Die Ruine ist eingerissen worden. Die Gefahr ist beseitigt."
Landesarchiv Berlin (BRep_202_3709_Bl.32a)

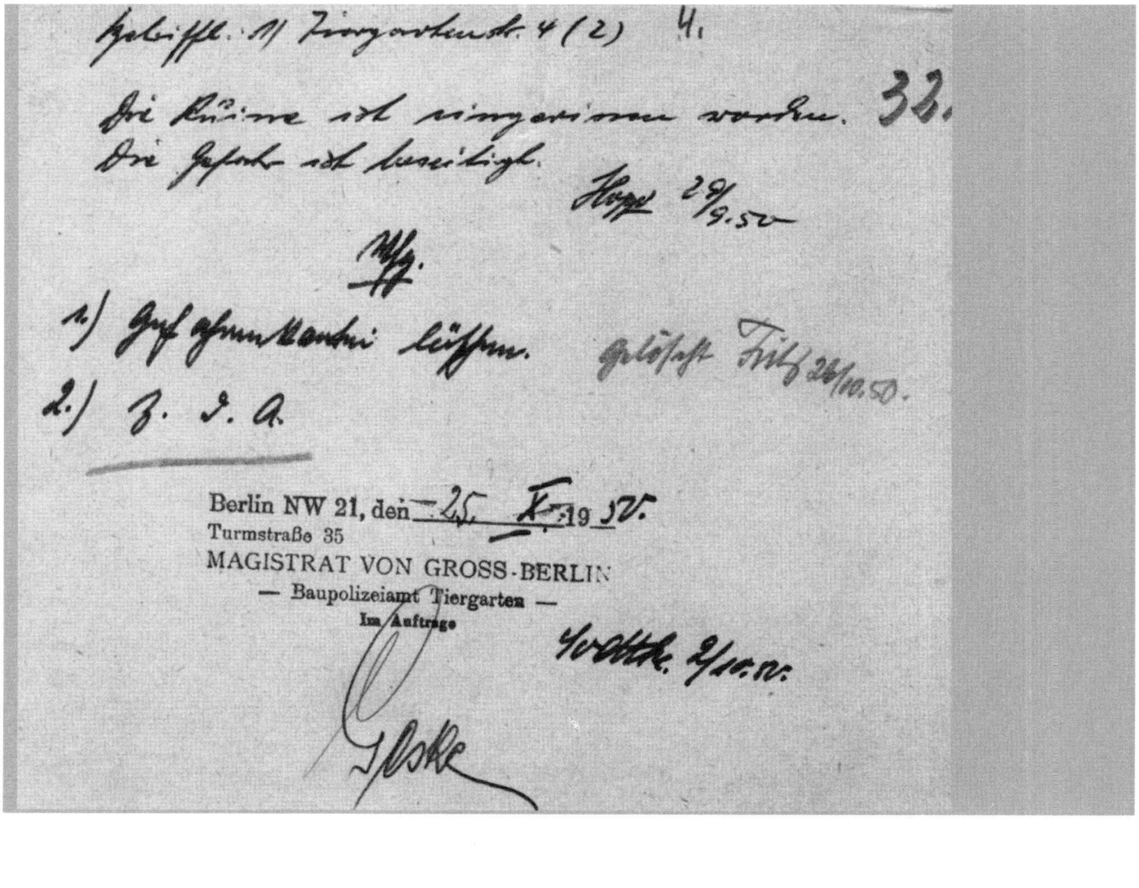

Die Ruine ist eingerissen worden. 32.
Die Gefahr ist beseitigt.
Hoppe 29/9.50

Vfg.

1) Gefahrenkartei löschen. gelöscht 26/10.50.
2) z. d. A.

Berlin NW 21, den 25. X. 1950.
Turmstraße 35
MAGISTRAT VON GROSS-BERLIN
— Baupolizeiamt Tiergarten —
Im Auftrage

From the demolition of the villa to the construction of the Philharmonie

By the end of the war, the villa had suffered severe damage. The ruin was demolished with explosives in 1950, and the site cleared in 1955. The entire Tiergarten District was destroyed almost completely during the battles raging in Berlin. However, the Eastern section of the district, where the villa had once stood, was systematically cleared after the West-Berlin Senate had bought all the plots there for the planned Cultural Forum. In 1963, the Senate decided to create a cultural centre on the site as a pendant to East Berlin's Museum Island.
At the same time, it wanted to create a democratic "urban landscape", thus thwarting Hitler's and Speer's plans for an authoritarian North-South axis. The first of the new designs was realised in 1963 with the inauguration of the Philharmonie, designed by the architect Hans Scharoun, who would later plan the Cultural Forum, too. The concert hall stands on the property formerly occupied by Villa No. 4. The two ground plans overlap in its foyer.

Die Villa nach dem Krieg

1940 kauften die Nazis das Grundstück und die Villa für ganz wenig Geld der Familie Liebermann ab.
Das war Betrug.

Im Krieg wurde die Villa zerstört.

Nach dem Krieg bekam Frau Liebermann das Grundstück und die Villa wieder zurück.

Dann verkaufte Frau Liebermann das Grundstück an die Stadt Berlin.
Heute steht auf dem Grundstück das Kultur-Forum.
Zu dem Kultur-Forum gehört ein Konzert-Haus.
Das Haus heißt Berliner Philharmonie.
Das spricht man so aus: Fil-harmonie.

Lageplan mit Überschneidung von „T 4"-Villa und Philharmonie
Senatsverwaltung für Stadtentwicklung und Umwelt /Sroka Architekten

Der vergessene Ort

Anders als bei der Gestapo-Zentrale, deren Adresse Prinz-Albrecht-Straße 8 in ganz Europa bekannt und gefürchtet war, stand die „T 4"-Adresse für Tarnorganisationen, deren mörderisches Wirken weitgehend geheim gehalten wurde. Auch bei den Familien der Ermordeten war sie in ihrer Bedeutung nicht bekannt. Ob Hans Scharoun von der Rolle der Villa Tiergartenstraße 4 in der Zeit des Nationalsozialismus wusste, als er hier einen der schönsten Kulturbauten des 20. Jahrhunderts schuf, ist nicht bekannt. Sein Philharmonie-Neubau revolutionierte mit seinen freien Formen die Architektur des Konzertbaus und wurde zum Vorbild für künftige Konzertsäle in aller Welt. Die „T4"-Villa hingegen, deren Grundriss sich mit dem Philharmonie-Foyer überschneidet, geriet nach ihrem Abriss in Vergessenheit. Jahrzehntelang wurde weder am historischen Ort noch in Stadtführern an ihre Funktion erinnert.

Die „Wiederentdeckung" begann Mitte der 1980er Jahre. Zum Stadtjubiläum 1987 zeigte die Aktion „Mobiles Museum" vor der Philharmonie, in einem ausrangierten, grau gestrichenen Doppeldecker-Bus, eine Ausstellung mit historischen Informationen zu den nationalsozialistischen Krankenmorden. 1988 folgte die Einweihung einer Bronzetafel im Boden neben der großen Stahlskulptur von Richard Serra. Diese war kurz zuvor vom Berliner Senat angekauft und zum „Euthanasie"-Denkmal umgewidmet worden, erscheint jedoch eher als Kunst am Bau für Scharouns Philharmonie-Gebäude. Die Bronzetafel war seither der Ort, an dem immer wieder Gedenkveranstaltungen abgehalten wurden.

Der vernachlässigte und verödete Zustand des gesamten Philharmonie-Vorplatzes erschien allerdings bis in die jüngste Zeit als Sinnbild des gesellschaftlichen Umgangs mit dem Thema Krankenmorde.

Die Baubude für die Philharmonie, in der Hans Scharoun hier aufgenommen wurde, befand sich genau auf der Fläche der „T4"-Villa.
Foto: Max Jacoby, Akademie der Künste, Berlin, Hans-Scharoun-Archiv, 1963

Das „Denkmal der Grauen Busse", ein Kunstprojekt von Horst Hoheisel und Andreas Knitz, machte 2008 für ein Jahr auf dem Vorplatz der Philharmonie Station. Es gab einen wesentlichen Anstoß für den zukünftigen Gedenk- und Dokumentationsort.
Foto: Stefanie Endlich

Vorplatz-Situation nach der Gedenkfeier 2011, im Hintergrund die Informationstafel, die auf den zukünftigen Erinnerungsort verweist
Foto: Alexandra Pohlmeier

Seit 2007 hat die Initiativgruppe „Runder Tisch T 4" zusammen mit der „Topographie des Terrors" und der Stiftung „Denkmal für die ermordeten Juden Europas" Aktivitäten und Installationen angestoßen oder unterstützt, die dazu beitrugen, den Ort im Stadtbild sichtbar zu machen. Der zukünftige nationale „Gedenk- und Dokumentationsort", entworfen von Ursula Wilms, Nikolaus Koliusis und Heinz W. Hallmann im Rahmen eines Gestaltungs-Wettbewerbs im Herbst 2012, beruht auf einem inhaltlichen Konzept, das der „Runde Tisch" entwickelt hat. Als einziger der nationalen Gedenkorte im Zentrum Berlins für die Opfer des NS-Regimes befindet er sich an authentischer Stelle – nicht am Ort der Massenmorde, sondern an der Wirkungsstätte ihrer Täter.

Wir danken Robert Parzer für seinen Rat bei der Erarbeitung des Kapitels zur Villa.

Der grau gestrichene Bus der Aktion „Mobiles Museum" 1987 vor der Philharmonie mit Erläuterungstafel zu den „Euthanasie"-Morden
Foto: Claudia Quaukies, Berliner Geschichtswerkstatt

Ich kann weltweit abheben!

A forgotten place

The "euthanasia" bureaucracy at Tiergartenstrasse 4 was composed of sham organisations.
Its murderous activities were kept secret. At the time, many people were unaware of the significance of the "T4" as the address of the Central Office. Once the Philharmonie had been completed, the villa was forgotten. It was only with the emergence of the "history-from-below" movement that groups of citizens began drawing attention to the momentousness of this historical location. In 1987, they held their first exhibition in the forecourt of the Philharmonie in a scrapped grey bus, which was intended to remind people of the transports of patients to the murder sites. The "Grey Buses Memorial", which stopped here in 2008, is also an allusion to the deportations. The real memorial, however, was the bronze plaque that was embedded in the ground alongside Richard Serra's sculpture in 1988. It will form part of a new national commemoration and documentation centre, which is to be realised from a design by Ursula Wilms / Nikolaus Koliusis / Heinz W. Hallmann in 2014.

Der Ort wurde vergessen

Die Adresse der „Zentral-Dienst-Stelle"
in der Tiergarten-Straße 4 war geheim.
Lange Zeit wusste niemand,
dass hier die „Euthanasie"-Morde geplant wurden.

Erst nach 1980 wurde die Geschichte der Villa bekannt.
Im Jahr 1987 wurde für eine kurze Zeit ein grauer Bus
an diesen Ort gestellt. In dem grauen Bus gab es eine Ausstellung.

Früher haben die Nazis die kranken und behinderten Menschen mit
grauen Bussen in die Vernichtungs-Anstalten transportiert.

Wo früher die Villa stand, ist heute eine Gedenk-Tafel.
Diese Gedenk-Tafel ist aus Metall. Sie liegt auf dem Boden.

Jetzt soll ein großes Denkmal an diesen Ort.
Eine Gruppe von Menschen arbeitet daran.

Sie sprechen darüber, wie der Ort aussehen soll.
Diese Gruppe heißt „Runder Tisch T4".

Anna ist meine Tante, die Schwester meines Vaters. Unvorstellbar ihr Leidensweg - unfassbar das Schweigen danach. Wie in vielen betroffenen Familien wurden Zwangssterilisation und „Euthanasie" auch in meiner Familie jahrzehntelang schamhaft verschwiegen - Spiegel eines gesamtgesellschaftlichen Prozesses von Verdrängen, Vertuschen und Verleugnen der Verbrechen. Mit meiner Erinnerungsarbeit möchte ich Anna - stellvertretend für die vielen vergessenen Opfer - Namen und Gesicht zurückgeben und damit symbolisch etwas von ihrer Identität und menschlichen Würde. Leid und Unrecht können nicht ungeschehen gemacht werden, schon gar nicht der Tod. Aber wir können an die Verbrechen erinnern, um auf diese Weise Mitgefühl zu zeigen. Vielleicht kann Annas Geschichte zum Nachdenken anregen über eine Gesellschaft, die Menschen nach ihrem vermeintlichen „Wert" oder „Unwert" bemisst, und ein Zeichen setzen gegen Diskriminierung und Ausgrenzung und für die Wertschätzung von Individualität und Vielfalt.

Sigrid Falkenstein, 2013

Anna Lehnkering

100
420

Anna Lehnkering
Opfer von Zwangssterilisation und NS-„Euthanasie“

Kindheit und Jugend

2. August 1915 | Oberhausen/Sterkrade im Ruhrgebiet Anna wird als drittes Kind von Friedrich und Anna Lehnkering geboren. Sie hat zwei ältere und zwei jüngere Brüder. Die Eltern betreiben eine Gaststätte. „Die Geburt verlief normal. Bis zum 4. Lebensjahr entwickelte sich das Kind ganz normal und sehr gut. Dann merkten die Eltern plötzlich, dass das Mädchen unruhig wurde. Es kam nachts an die Tür des Zimmers der Mutter und war dann sehr verängstigt. Wurde schreckhaft, zitterte häufig am ganzen Körper.“ (aus Annas Patientenakte)

1924 – 1929 | Besuch der Hilfsschule „Wurde der Hilfsschule überwiesen. Kam dort aber nicht gut mit. Versteht alles, was man ihr sagt. Sie kann nur sehr unbeholfen und nicht zusammenhängend schreiben. Das Lesen geht sehr langsam buchstabierend. Beim Rechnen gelingen ihr nur ganz einfache Additionen und Subtraktionen.“ (aus Annas Patientenakte)
1929 Entlassungszeugnis aus der Hilfsschule: „Schulbesuch: unregelmäßig wegen Krankheit. Betragen: gut. Fleiß: befriedigend. Kenntnisse: mangelhaft.“

1931/32 Bonn | Untersuchung in der Rheinischen Provinzial-Kinderanstalt für seelisch Abnorme „Charakterlich ist das Mädchen sehr gutmütig und willig, folgsam, verträglich und dürfte wohl erzieherisch in keiner Hinsicht Schwierigkeiten bereiten … Zu empfehlen wäre die Unterbringung in einer Schwachsinnigenanstalt, wo man sie mit einfacheren Handreichungen im Haushalt oder auch mit zur Beschäftigung kleinerer Kinder heranziehen könnte.“ (aus Annas Patientenakte)
Anna erlernt keinen Beruf, wohnt weiterhin zu Hause und hilft ihrer Mutter im Haushalt. „Anna war eine liebe, sanftmütige Schwester. Sie hat so gerne mit uns gespielt.“ (Annas Bruder, 2003)

Anna, um 1918
Foto: Archiv S. Falkenstein

Anna mit ihrer Mutter und den beiden älteren Brüdern, 1916

Anna mit ihrer Mutter, 1919
Fotos: Archiv S. Falkenstein

Anna (links) mit einer Gruppe, die vom Evangelischen Jugendfürsorgeverein in Sterkrade betreut wurde

Anna mit Bruder und Freundin, 1932
Fotos: Archiv S. Falkenstein

Fragebogen C 1.

Ärztlicher Fragebogen

für schwachsinnige oder epileptische Kinder (unter 16 Jahren).

Anmerkung. Die Fragen unter I und IV sind für alle Kinder zu beantworten, die Fragen unter II sind für diejenigen Kinder zu beantworten welche nicht zugleich fallsüchtig sind, die Fragen unter III sind für diejenigen Kinder zu beantworten, welche fallsüchtig aber geistig normal sind. Für solche Kinder, welche fallsüchtig und idiotisch, schwachsinnig zugleich sind, müssen alle Fragen unter I, II, III und IV beantwortet werden.

I. Allgemeine Fragen.

1. Vorname, Familienname und Wohnort des Kindes? Änne Lehmkering
2. Geburtsjahr und Geburtstag? 2. August 1915 Osterfeldstr. 54.
3. Geburtsort mit Angabe des Kreises? Herdecke
4. Ist das Kind ehelich geboren? Ja
5. Konfession? evgl.

II. Fragen über Schwachsinnige.

1. Ist der Schwachsinn angeboren? Oder in welchem Alter zuerst beobachtet worden? ~~Ja~~ Im 4. Lebensjahr traten die 1. Anzeichen auf.
2. Was hält man für die Ursache des Schwachsinns? Erblichkeit, Krankheiten, Verletzungen, geistige Anstrengung, heftige Gemütsbewegungen, wie Furcht, Schrecken? Vater Potator
3. Hat das Kind Unterricht genossen? Welcher Art? Mit welchem Erfolge? Kommunion? Konfirmation? Ja, Hilfsschule / Ja
4. Kann das Kind allein essen? Sich ankleiden? Ist es reinlich, auch bei Nacht? Ja
5. Kann das Kind unterscheiden und begreifen? Hat es Gedächtnis? Nachahmungstrieb? Neigung und Geschick zur Beschäftigung? Zu welcher? Kann es sprechen oder sich sonstwie verständlich machen? Spricht es nur in einzelnen Worten oder in Sätzen oder zusammenhängend? 1.) Ja ; 2.) Ja / Ja
6. Ist das Kind ruhig oder aufgeregt, lärmend? Willig oder störrig? Gesellig oder zur Absonderung geneigt? Verträglich oder zanksüchtig? Zerstörungssüchtig? Willig / Verträglich.

Annas Krankenakte „Rheinische Provinzial-Kinderanstalt für seelisch Abnorme" in Bonn | Dokumente: Archiv S. Falkenstein

Anna Lehnkering
A victim of compulsory sterilisation and National Socialist "euthanasia"

Childhood and youth

Anna was born in Oberhausen/Sterkrade in the Ruhr District on 2 August 1915. She was the third child of Friedrich and Anna Lehnkering and had two older and two younger brothers. Her parents ran a restaurant. Anna's patient record describes her birth and development up to the age of four as "normal". She subsequently showed signs of unease and anxiety. Up to the age of fourteen, Anna attended a special school, where she had problems with reading, writing and arithmetic, and often took time off school sick. She was awarded a "good" mark for behaviour. Medical inspectors considered her "educable". Anna didn't learn an occupation. She continued to live at home and helped her mother with the housework. In 2003, her brother recalled his sister, Anna, as being "a loving, gentle-hearted sister. She loved playing with us." Experts considered putting her in a "mental home", but did not deem it necessary.

Das kurze Leben von Anna Lehnkering
Anna als Kind

Anna wurde 1915 geboren.
Anna besuchte für 5 Jahre eine Sonder-Schule.
Lesen, Schreiben und Rechnen findet Anna schwer.
Anna ist lieb und fleißig. Anna ist nun 16 Jahre alt.
Jetzt soll sie in eine Psychiatrie-Anstalt. Aber Anna lebt weiter zu Hause.
Sie arbeitet im Haushalt.

Berlin, 14. Juli 1933 | Gesetz zur Verhütung erbkranken Nachwuchses „Wer erbkrank ist, kann durch chirurgischen Eingriff unfruchtbar gemacht (sterilisiert) werden, wenn nach den Erfahrungen der ärztlichen Wissenschaft mit großer Wahrscheinlichkeit zu erwarten ist, dass seine Nachkommen an schweren körperlichen oder geistigen Erbschäden leiden werden." Wer nicht in den „gesunden und leistungsstarken Volkskörper" passt, wird von der Fortpflanzung ausgeschlossen – so auch Anna.

Im Visier der NS-Rassenhygiene

19. Dezember 1934 | Das Erbgesundheitsgericht Duisburg beschließt Annas Zwangssterilisation Aus dem „Beschluss in Sachen betreffend die Unfruchtbarmachung der erbkranken Anna Lehnkering: … so ist das beschließende Gericht der Überzeugung, dass es sich um angeborenen Schwachsinn handelt. Nachkommenschaft muss daher verhütet werden …".

18. Februar 1935 | Annas Zwangssterilisation im Evangelischen Krankenhaus in Mülheim an der Ruhr Aus dem ärztlichen Bericht: „Die an Schwachsinn leidende Anna Lehnkering ist unfruchtbar gemacht worden. Art der Unfruchtbarmachung: Bei dem Eingriff wurden die Eileiter – Keimdrüsen … abgequetscht und unterbunden."

21. Dezember 1936 | Annas Einweisung in die Heil- und Pflegeanstalt Bedburg-Hau Drei Tage vor Weihnachten erfolgt Annas Einweisung in die Heil- und Pflegeanstalt Bedburg-Hau. Im Krankenblatt lautet der psychische Befund: „Angeborener Schwachsinn" mit dem Zusatz „erbkrank: Ja." Als Nachweis der Diagnose dient eine „Intelligenzprüfung". Eine der Fragen lautet: „Wie heißt die deutsche Hauptstadt?" Als Anna der Name nicht einfällt, sagt sie: „Das ist eben so dumm, dass man keine höhere Schule besucht hat." Anna war nie in Berlin und wird auch niemals dorthin fahren. Sie ahnt nicht, welch unheilvollen Einfluss die Politik im fernen Berlin auf ihr Leben hat.

Dezember 1936 – März 1940 | Anna ist Patientin in Bedburg-Hau Bedburg-Hau ist eine „Mammutpsychiatrie" mit mehr als 3000 Patienten. Wie in vielen deutschen Anstalten zeigen sich dort bereits 1936 die Folgen von Überbelegung, Mangelernährung und schlechter Pflege. Der tägliche Verpflegungssatz liegt zu dieser Zeit durchschnittlich bei 46 Pfennigen, und nicht nur in Bedburg-Hau sterben auffallend viele Patienten. Eintragungen in Annas Krankenblatt: „Weint oft vor sich hin, verlangt nach Hause, möchte gern entlassen werden, liegt am liebsten im Bett, ist still, ruhig, legt den Kopf auf den Tisch, ist antriebslos und weinerlich, muss zum Essen, zur Ordnung, zur Sauberkeit angehalten werden, fügt sich nicht den Anordnungen der Pflegerin, ist albern, läppisch, mürrisch, querulierend, schwierig, tut nichts, beschäftigt sich kaum, arbeitet weder im Schälkeller noch in der Feldkolonne, hetzt die anderen Kranken zur Nichtarbeit auf, störend, lästig." Letzter Eintrag Ende Februar 1940: „Geht seit einiger Zeit körperlich zurück, fiebert wechselnd, hustet, hat sehr blasse graue Gesichtsfarbe, schreit jede Nacht. … Wegen Verdacht auf Lungentuberkulose verlegt nach (…)." Der Rest ist unleserlich.

Anna mit ihrer Freundin, 1932
Foto: Archiv S. Falkenstein

2

Anlage 4

Antrag auf Unfruchtbarmachung

Auf Grund der §§ 1 bis 3 des Gesetzes zur Verhütung erbkranken Nachwuchses vom 14. Juli 1933 (Reichsgesetzbl. I S. 529) beantrage ich – ~~meine Unfruchtbarmachung~~ –[1])

die Unfruchtbarmachung – ~~des~~ – der *Anna Lehnkering*

zur Zeit wohnhaft in: *Oberhausen (Rhld) - Sterkrade, Vestische Straße 189*

~~Ich – Der~~ – Die – Genannte leide~~(t)~~ an: *angeborenem Schwachsinn*

Zur Glaubhaftmachung der vorstehenden Angabe beziehe ich mich – auf ~~das~~ mein anliegende~~(s)~~ ~~ärztliche~~ – amtsärztliche – Gutachten – auf ~~das Zeugnis der nachbezeichneten Personen:~~

Ort: *Oberhausen (Rhld)*, den *30. Sept.* 193[illegible]

Des Antragstellers
- Name und Vorname: *Medizinalrat Dr. Ludwig Fleischer*
- Stand: *Kreisarzt*
- Wohnort: *Oberhausen (Rhld)*
- Straße: *Neues Rathaus*

Tgb.Nr. 6839

An

die Geschäftsstelle des Erbgesundheitsgerichts

in *Duisburg*

[1]) Nichtzutreffendes ist jeweils zu durchstreichen.

Formular 423. Vorrätig bei ...

Akte „betr. die Erbgesundheitssache Anna Lehnkering" | Dokument: Archiv S. Falkenstein

Datum	Krankheitsverlauf:	Bemerkungen:
	Unterschiedsfragen:	
	(Zwerg / Kind ?) „ Kinder gehen zur Schule und spielen, Zwerge haben Zipfel=mützen auf."	
	(Treppe / Leiter ?) „ Bei der Treppe kann man sich am Geländer fest=halten, eine Leiter muss man aufstellen."	
	Wissen:	
	(Wann ist Weihnachten ?) „ Donnerstag ist Heiligabend."	
	(Was bedeutet Weihnachten ?) „ Wir feiern die Geburt Christi."	
	(Was bedeutet Ostern ?) „ Es kommt doch erst Neujahr, was soll ich darauf sagen."	
	Patientin ist ruhig, verträglich, beant=wortet die an sie gestellten Fragen nach langem Überlegen. Die Aufmerksamkeit ist schlecht.	Vorl. Diagnose: Angeborener Schwachsinn.
	(Schade.)	
28. 12. 36	Muß sehr zur Ordnung angehalten werden. Träumt oft vor sich hin. Beschäftigt sich kaum.	
7. I. 37	Unsauber. Muß zur Ordnung angehalten werden. Klagt dauernd über Schmerzen im Leib. Hat an allem etwas auszusetzen.	
14.1.37.	Pat. macht schwachsinnigen Eindruck. Ist meist abweisend. Will sich nicht beschäftigen. Ist wenig folgsam auf der Abteilung. Bringt immer wieder hypochondrische Wahnideen vor, für die	

Annas Krankenblatt (Heil- und Pflegeanstalt Bedburg-Hau) | Dokument: Archiv S. Falkenstein

In the sights of Nazi racial hygiene

At the end of 1934, the Hereditary Health Court in Duisburg decided to have Anna sterilised. The reason suddenly given was that she was suffering from an "inborn mental disorder". This measure was justified by the "Law for the Prevention of Hereditarily Diseased Offspring", which permitted sterilisation without the patient's consent. Anyone who did not have a "healthy and efficient people's body", according to the National Socialists' definition, was not allowed to procreate. In February 1935, Anna was sterilised at the Evangelical Hospital in Mülheim an der Ruhr. On 21 December 1936, she was transferred to the Heil- und Pflegeanstalt Bedburg-Hau, a psychiatric hospital with more than 3,000 patients, who were already suffering from overcrowding and malnutrition in 1936. Anna suffered terribly under the conditions at the hospital and longed to go home. She lost heart and became weak and ill. Her medical record described her state in a contemptuous, cynical manner.

Anna und die Politik im National-Sozialismus

Im Jahr 1933 gibt es ein neues Gesetz von den Nazis.
In dem Gesetz steht: Menschen, die körperlich oder geistig behindert sind, sollen keine Kinder bekommen.
Diese Menschen müssen zu einem Arzt gehen.
Der Arzt macht sie unfruchtbar.

Anna ist jetzt 19 Jahre alt. Ein Gericht sagt: Anna ist geistig behindert.
Sie darf keine Kinder bekommen.
In einem Kranken-Haus wird sie unfruchtbar gemacht.

Danach kommt sie in eine große Psychiatrie-Anstalt.
Die Anstalt ist in dem Ort Bedburg-Hau.
Die vielen Patienten werden sehr schlecht versorgt.
Viele Patienten sterben in der Psychiatrie-Anstalt.
Auch Anna geht es sehr schlecht.
Sie hat oft Heimweh.
Sie ist krank und schwach.

Ein Opfer der Aktion „T4“

Februar/März 1940 | Selektion in Bedburg-Hau Eine Ärztekommission aus Berlin selektiert etwa 1800 Patientinnen und Patienten. Zur Delegation unter Führung von **Professor Dr. Werner Heyde,** dem ärztlichen Leiter der „T4"-Organisation, gehören die Ärzte und späteren Leiter von Tötungsanstalten **Ernst Baumhard, Horst Schumann** und **Irmfried Eberl** sowie der Leiter der „Reichsarbeitsgemeinschaft Heil- und Pflegeanstalten“ **Gerhard Bohne.** Zumindest zeitweise nehmen auch teil **Viktor Brack,** Oberdienstleiter in der Kanzlei des Führers, **Paul Nitsche**, später ärztlicher Leiter der Aktion „T4“, und **Friedrich Mennecke,** „T4"-Gutachter und Leiter der Anstalt Eichberg.
Anna erfüllt die Selektionskriterien gewissermaßen perfekt. Sie verweigert die Arbeit und ist angeblich eine schwierige Patientin. Sie gilt nicht nur als „erbminderwertig“, sondern auch als ökonomisch unbrauchbar und wird daher als „lebensunwert“ zur Vernichtung bestimmt.

6./7. März 1940 | Deportation nach Grafeneck (Schwäbische Alb)
457 Patientinnen und Patienten werden von Bedburg-Hau in die Tötungsanstalt Grafeneck deportiert. Der Transport in den Tod geschieht mit einem Sonderzug der Reichsbahn. Er wird von Männern begleitet, die eine hohe Position in der Hierarchie der Mordaktion einnehmen. Darunter befindet sich neben **Ernst Baumhard** und **Gerhard Bohne** auch **Hermann Schwenninger**, Geschäftsführer der „T4"- Tarnorganisation „Gekrat" (Gemeinnützige Krankentransport GmbH), die die Transporte in die Tötungsanstalten besorgte.

7. März 1940 | Tod in der Gaskammer von Grafeneck 317 Patientinnen und Patienten aus Bedburg-Hau werden noch am Tag ihrer Ankunft in der Gaskammer umgebracht. Eine davon ist die 24-jährige Anna. Vertreter des „Euthanasie“-Programms aus Berlin beobachten die Ermordungen an jenem Tag durch einen Spion in der Gaskammertür. Darunter befinden sich der Reichsgesundheitsführer **Leonardo Conti** sowie der Arzt und Beauftragte Hitlers **Karl Brandt**. Das Handrad für die Regulierung des Gases wird vom ärztlichen Leiter Grafenecks **Horst Schumann** persönlich betätigt.

Nach 1945 | Verschweigen und Verdrängen Die Verbrechen werden nach Kriegsende verschwiegen und verdrängt – in der Gesellschaft und in vielen betroffenen Familien. Erst als Annas Nichte das Familiengeheimnis 2003 zufällig im Internet entdeckt, beginnt die Suche nach Spuren von Annas Leben.

Anna vor dem Evangelischen Krankenhaus in Mülheim an der Ruhr, etwa 1935
Foto: Archiv S. Falkenstein

1939 Berlin | Der „Euthanasie"-Erlass Hitlers ermöglicht, „unheilbar Kranken" den „Gnadentod zu gewähren". „Euthanasie" – so nennt man den Massenmord an psychisch erkrankten, geistig und körperlich behinderten sowie „rassisch" und sozial unerwünschten Menschen. Über 70 000 Menschen werden 1940/41 allein im Rahmen der Aktion „T4" ermordet. Das Kürzel steht für die Adresse der geheimen Zentraldienststelle in der Tiergartenstraße 4, von der aus diese erste industrielle Massenvernichtung im Nationalsozialismus geplant und organisiert wird. Ein Großteil der Täter, die den Lebensweg von Anna unmittelbar kreuzen, steht in enger Verbindung zur Tiergartenstraße 4.

Krankenblatt

der am 21 ten Dezember 1936 unter Aufnahme-Nr. 8688

Buch L Nr. 443 in die Rhein. Prov.-Heil- und Pflegeanstalt

zu **Bedburg-Hau** aufgenommenen Kranken

Name: Lehnkering, Anna

Beruf: ohne Familienstand: ledig Religion: evangel.

Geboren am: 2.8.1915 in: Sterkrade Kreis: —

Zuletzt wohnhaft in: Mülheim-Ruhr-Saarn, Düsseldorferstrasse 145 Kreis:

Gebäude in der Heil- und Pflegeanstalt Bedburg-Hau
Foto: Archiv Klinikmuseum Bedburg-Hau

Kopf des Deckblattes von Annas Krankenblatt, Bedburg-Hau
Dokument: Archiv S. Falkenstein

Gebäude in Grafeneck, in das die Gaskammer eingebaut wurde
Foto: Bildarchiv Gedenkstätte Grafeneck – Dokumentationszentrum

Stolperstein zum Gedenken an Anna Lehnkering, Mülheim an der Ruhr, 2009
Foto: Archiv S. Falkenstein

A victim of the "T4" operation

Anna was murdered within the framework of the "T4" operation. Most of the perpetrators who were personally directly involved were closely connected with the Central Office at Tiergartenstrasse 4.
The physicians commission, which selected patients in Bedburg-Hau in February/March 1940, was composed of high-ranking physicians and Nazi functionaries. It was directed by Werner Heyde, the medical leader of the "T4" operation. Deportations to the Grafeneck killing-complex on Swabian Jura were also accompanied by men in high positions. The killing of the patients, including Anna, on 7 March was watched through a spy hole in the gas-chamber door. Onlookers comprised representatives of the "T4" operation, including the Reich Health Office Leader, Leonardo Conti, and Hitler's "personal physician", Karl Brandt. Anna was one of hundreds of thousands who were regarded as "genetically inferior" and "useless eaters", making them "unworthy of living" and, therefore, destined for extermination. It was only in 2003 that Anna's niece discovered the family secret on the Internet and set off in search of traces of Anna's life.

Anna und die Aktion T4

Die Nazis haben viele Menschen ermordet.
Sie haben auch viele Menschen mit Behinderung ermordet.
Das haben die Nazis dann „Euthanasie" genannt.
Euthanasie ist ein Wort aus der griechischen Sprache.
Es bedeutet: man unterstützt jemanden und bleibt bei ihm, bis er stirbt.
Die Nazis haben gesagt,
dass Menschen mit Behinderung nicht leben dürfen. Weil sie weniger wert sind.
Weil Menschen mit Behinderung nutzlos sind und zu viel Geld kosten.
Ein Teil von der NS-Euthanasie war die „Aktion T4".
Die Nazis haben die Aktion in der Tiergarten-Straße 4 geplant.

Anna ist jetzt 24 Jahre alt.
Anna ist immer noch in der Psychiatrie-Anstalt.
Sie ist krank und arbeitet nicht.

Dann kommen Ärzte aus der Tiergartenstrasse 4 in Berlin
in die Psychiatrie-Anstalt nach Bedburg-Hau.
Die Ärzte sagen, Anna ist nicht nützlich.
Sie soll nicht mehr leben. Anna kommt in einen Sonder-Zug.
Sie kommt in eine Vernichtungs-Anstalt nach Grafeneck.
Anna wird dort mit Gift-Gas ermordet.

Danach redet niemand mehr über Anna.
Und die vielen ermordeten Menschen.
Sie werden für viele Jahre vergessen.

Annas Weg und ihre „Begleiter"

Selektion in Bedburg-Hau

Werner Heyde

Viktor Brack

Paul Nitsche

Gerhard Bohne

Ernst Baumhard

Horst Schumann

Irmfried Eberl

Friedrich Mennecke

Ilse Lindner

Begleitung Deportation

Ernst Baumhard

Gerhard Bohne

Hermann Schwenninger

Ilse Lindner

Tod in der Gaskammer Grafeneck

Leonardo Conti

Karl Brandt

Horst Schumann

Eugen Stähle

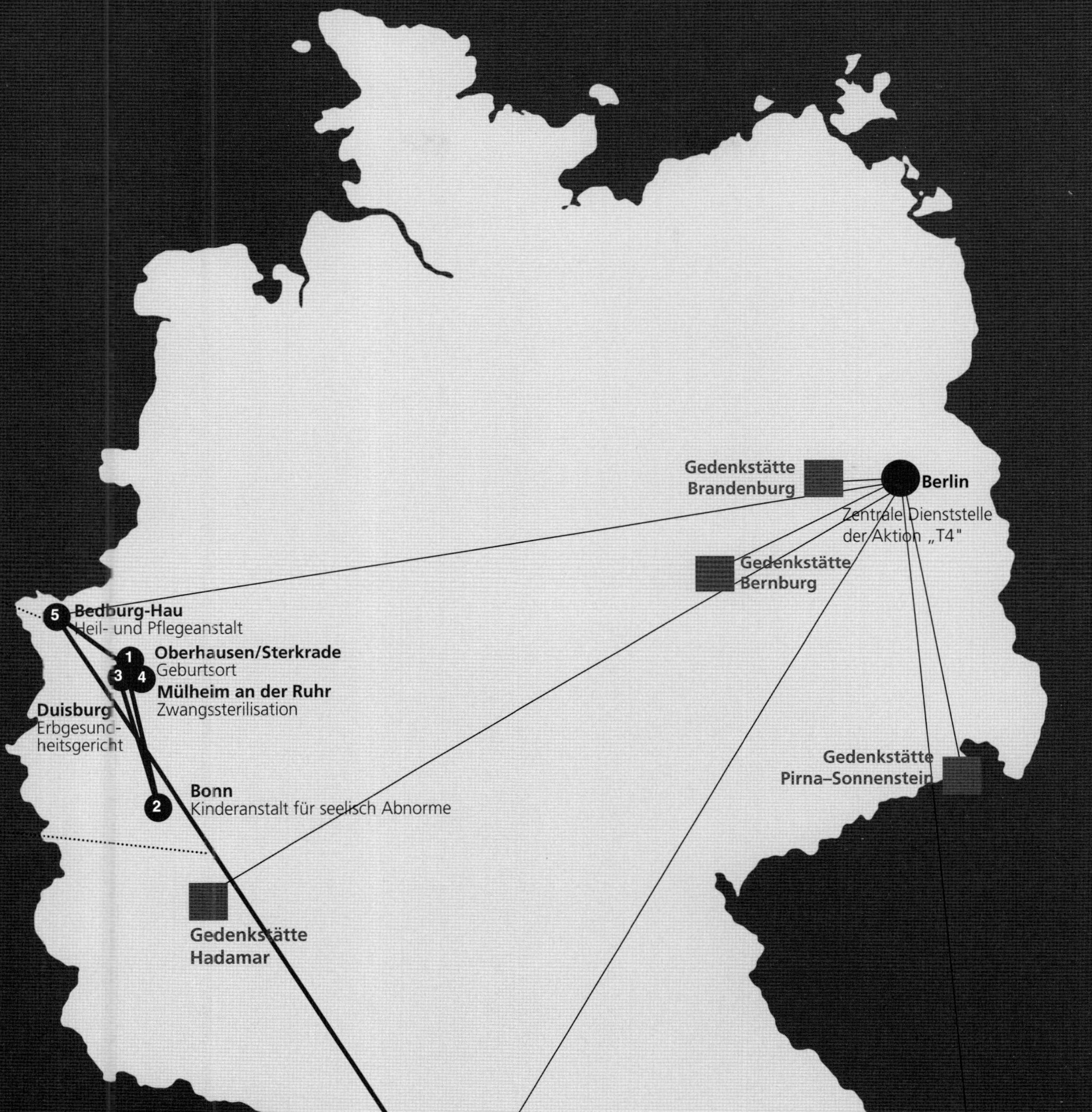

Karte: Helga Lieser

Das national-
sozialistische
„Euthanasie"-
Programm

Täter, die an Annas
beteiligt waren

Foto: Stefanie Endlich

Täter, die an Annas Ermordung beteiligt waren

SELEKTION IN BEDBURG-HAU | 26. FEBRUAR BIS 4. MÄRZ 1940
Delegation, die mithilfe der Bedburger Ärzte die Patienten zur Tötung bestimmte

Leiter der Delegation **Prof. Dr. Werner Heyde (1902–1964)** Psychiater, ärztlicher Leiter der medizinischen Abteilung der „T4", „Obergutachter": Entscheidung über Leben und Tod der Patienten Nach 1945: praktizierender Arzt unter dem falschen Namen Dr. Fritz Sawade, Verhaftung 1959, Suizid noch vor Prozessbeginn 1964

Viktor Brack (1904–1948) Dipl.-Volkswirt, Oberdienstleiter Hauptamt II, Kanzlei des Führers: Büroorganisation, Auswahl und Einsatz des Personals, Auswahl, Einrichtung und Kontrolle der Tötungsanstalten, Tarnname Jennerwein Nach 1945: Todesurteil im Nürnberger Ärzteprozess 1947, Hinrichtung 1948

Prof. Dr. Paul Nitsche (1876–1948) Psychiater, Direktor der Anstalten Leipzig-Dösen und Pirna-Sonnenstein, „T4-Obergutachter" und Leiter der medizinischen Abteilung der „T4" ab Herbst 1941 Nach 1945: Verhaftung, Todesurteil in Dresden 1947, Hinrichtung 1948

Dr. Gerhard Bohne (1902–1981) [redacted] Jurist „T4"-Büro-
leiter: Verwaltungsaufgaben nach [redacted] der Ermordung;
Leiter der „Reichsarbeitsgemein- [redacted] schaft Heil- und
Pflegeanstalten" (RAG) [redacted] Nach 1945:
Tätigkeiten im Ausland und in [redacted] Deutschland,
Festnahme 1959, Haftverschonung [redacted] und Flucht 1963,
Einstellung des Verfahrens 1968

Dr. Ernst Baumhard (1911–1943) Arzt, leitender Tötungsarzt in der „Euthanasie"- Anstalt Grafeneck ab April 1940, Tarnname Dr. Jäger, Leiter der Tötungsanstalt Hadamar, Tarnname Dr. Moos 1941, als Sanitätsoffizier bei der Marine während eines Booteinsatzes umgekommen 1943

Dr. Horst Schumann (1906–1983) Arzt, Leiter der Tötungsanstalten Grafeneck und Pirna-Sonnenstein 1940, Lagerarzt in Auschwitz 1941 Nach 1945: Sport- und Knappschaftsarzt, Flucht 1951, Auslieferung an Deutschland 1966, Prozess 1970, Einstellung wegen Verhandlungsunfähigkeit 1971, Haftentlassung 1972, gestorben 1983

Dr. Irmfried Eberl (1910–1948) Arzt, Angestellter der „Gemeinnützigen Stiftung für Anstaltspflege" in der „T4", Leiter der Tötungsanstalten Brandenburg und Bernburg 1940, Kommandant im Vernichtungslager Treblinka Nach 1945: praktizierender Arzt in Schwaben, Festnahme 1948, Suizid in der U-Haft

Friedrich Mennecke (1904–1947) Arzt, Anstaltsleiter in Eichberg ab 1939: Kinder-„Euthanasie"; SS 1940, „T4-Gutachter", Mitglied von Ärztekommissionen: Selektion von Patienten und KZ-Häftlingen Nach 1945: Verhaftung, Todesurteil in Frankfurt am Main 1946, Tod aus ungeklärten Gründen noch vor der Vollstreckung 1947

Werner Heyde, 1959
Ullstein Bild (00098650)

Viktor Brack als Angeklagter im sogenannten Ärzteprozess 1946/1947
Ullstein Bild (00096998)

Horst Schumann, 1930 /1945
Bildarchiv des Bundesarchiv Koblenz (Nr.162-00649)

Irmfried Eberl, 1938
Landesarchiv Baden-Württemberg, StA Ludwigsburg

DEPORTATION NACH GRAFENECK | 6./7. MÄRZ 1940

Begleiter des Transports mit einem Sonderzug der Reichsbahn

Transportleiter **Hermann Schwenninger (1902–?)**
Geschäftsführer der „T4"-Tarnorganisation „Gemeinnützige Kranken-Transportgesellschaft" (Gekrat), beteiligt an Propagandafilmen über die NS-„Euthanasie" Nach 1945: Filmkaufmann in Hamburg, wurde juristisch nie belangt

Ernst Baumhard und Gerhard Bohne (siehe Selektion)

Ilse Lindner (Lebensdaten unbekannt)
„T4"-Sekretärin. Über die Sekretärinnen der „T4"-Verwaltungszentrale ist nur wenig bekannt. Sie begleiteten jedoch regelmäßig die selektierenden Ärztekommissionen und waren in einer indirekten Form an den Krankenmorden beteiligt.

Philipp Bouhler (1899–1945), Leiter der Kanzlei des Führers, gemeinsam mit **Karl Brandt (siehe 2. Foto rechts)** „Euthanasie-Beauftragter" Hitlers für die Aktion „T4"

TOD IM DER GASKAMMER VON GRAFENECK | 7. MÄRZ 1940
Folgende Männer beobachteten die „Vergasung“ durch einen Spion in der Gaskammertür.

Leonardo Conti (1900–1945) Stadtarzt in Berlin 1936, Staatssekretär im Reichsministerium des Innern 1939, Reichsgesundheitsführer, beteiligt an der „Probetötung“ von Patienten in Brandenburg-Görden Januar 1940, Fleckfieberversuche in Buchenwald Nach 1945: Verhaftung durch die Alliierten, Suizid im Oktober 1945

Dr. Karl Brandt (1904–1948) Chirurg, Begleitarzt Hitlers, „Euthanasie-Beauftragter“, Generalkommissar für das Sanitäts- und Gesundheitswesen 1942 Nach 1945: Verhaftung unmittelbar nach Kriegsende, Todesurteil im Nürnberger Ärzteprozess 1947, Hinrichtung 1948

Eugen Stähle (1890–1948) Arzt, Ministerialrat des württembergischen Innenministeriums, maßgeblich an der Auswahl Grafenecks als Tötungsanstalt beteiligt, Leiter der „regionalen Zentralstelle“ für Baden-Württemberg während der Aktion „T4“ Nach 1945: Verhaftung, Tod in U-Haft 1948

Horst Schumann (siehe Selektion) Er betätigte als ärztlicher Leiter Grafenecks das Handrad für die Regulierung des Gases.

Leonardo Conti, ca. 1940
Bildarchiv des Bundesarchiv Koblenz
(Nr.183-1989-0309-501)

Karl Brandt,1947
United States Holocaust Memorial Museum
(Foto-Nr. 06231)

Philipp Bouhler, 1938
Bundesarchiv Berlin (Nr.183-H13374)

Die „Aktion T4"

Die „Aktion T4" war ein Plan des
„Euthanasie-Programms" der Nazis.
Die „Aktion T4" wurde in der Tiergarten-Straße 4 geplant.

Dieser Plan zur Tötung von Menschen mit Behinderungen
war geheim.
Mit der „Aktion T4" wurden 70.000 Menschen getötet.

Wie war der Plan?
In der Villa in der Tiergarten-Straße 4 war die „Zentral-Dienst-Stelle".
Das war ein großes Büro-Haus.
Im Jahr 1939 schickten die Nazis aus der „Zentral-Dienst-Stelle"
Melde-Bögen in die Psychiatrie-Anstalten.

Dort mussten die Ärzte alles über ihre Patienten eintragen.
Dann schickten die Ärzte die ausgefüllten Melde-Bögen zurück
in die „Zentral-Dienst-Stelle".
Die Ärzte wussten erst nicht,
wofür die Melde-Bögen waren.

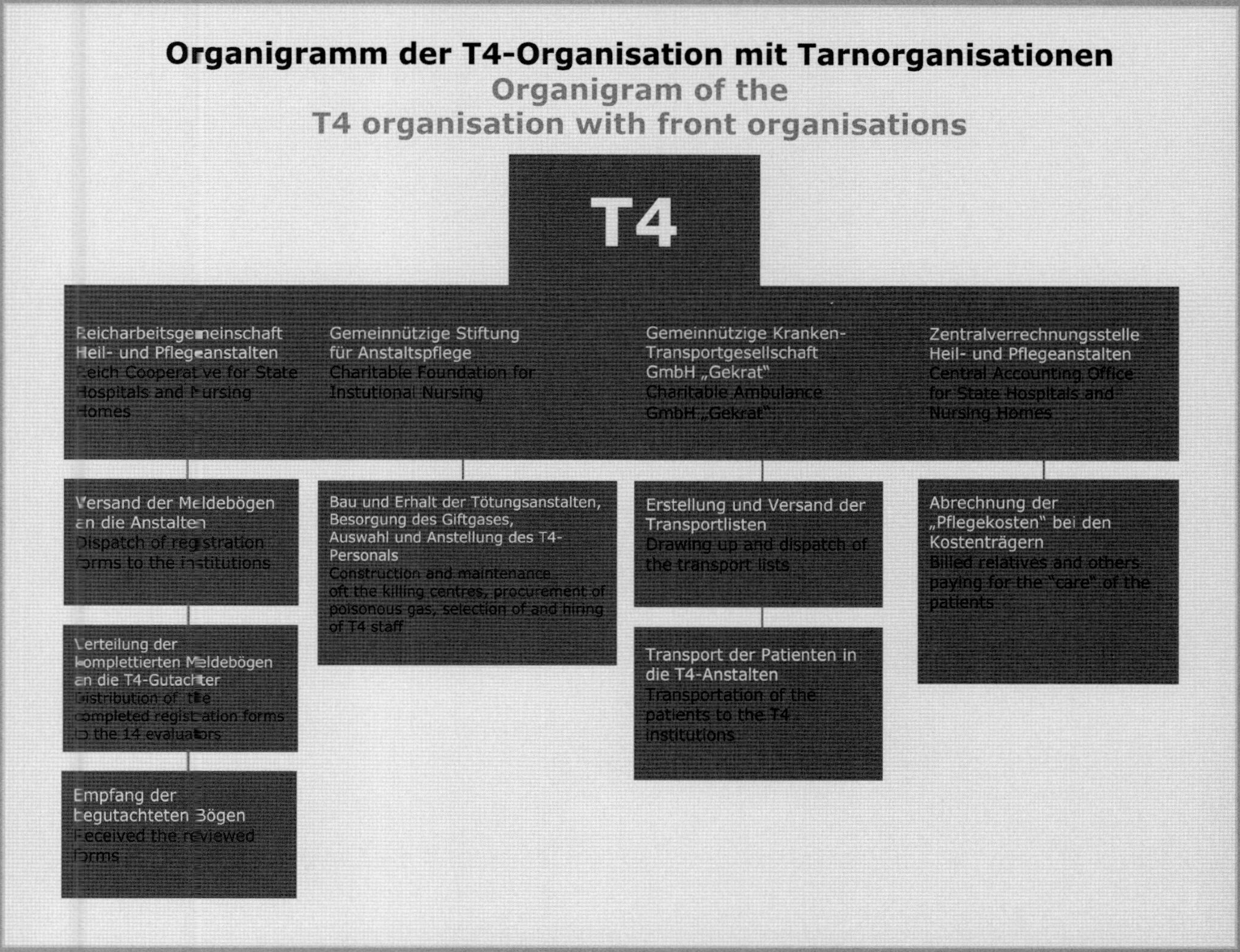

Organigramm der „T4" Organisation
Gedenkstätte und Museum Sachsenhausen, Grafik: lahaye tiedemann gestalten, 2011

The Perpetrators

The plaque contains short biographies of the perpetrators personally involved in murdering Anna Lehnkering. They had close connections with the Central Office at Tiergartenstrasse 4. Here, they are presented in three groups: The first was the delegation which, from 26 February to 4 March 1940, and aided by doctors at Anna's asylum (the Heil- und Pflegeanstalt Bedburg-Hau) selected the patients due to be murdered. The second group accompanied the transport of patients on a special Deutsche Reichsbahn train from Bedburg-Hau to the Grafeneck murder centre in the Swabian Jura in Baden-Württemberg on 6-7th March. The third group comprised the men who watched the murder of the patients in the gas chamber through a spy-hole in the door.

In der „Zentral-Dienst-Stelle“ prüften Nazi-Ärzte
alle Melde-Bögen.
Dann bestimmten die Nazi-Ärzte, welche Menschen sterben sollen.
Weil die Menschen krank oder behindert waren.
Weil sie nicht arbeiten konnten.
Oder weil sie Lernschwierigkeiten hatten.
Zum Beispiel: wer nicht arbeiten konnte, musste sterben.

Die Namen dieser Menschen wurden auf Transport-Listen geschrieben.

Die Menschen auf den Transport-Listen wurden dann mit Bussen aus
der Psychiatrie-Anstalt abgeholt.
Die Busse fuhren mit den Menschen in Vernichtungs-Anstalten.
In den Vernichtungs-Anstalten wurden die Menschen
mit Gift-Gas ermordet.
Es gab 6 Vernichtungs-Anstalten in Deutschland und Österreich.

Im Jahr 1941 gab es Proteste gegen diese Verbrechen.
Dann wurden die Morde geheim weiter durchgeführt.
Die Morde passierten jetzt nicht mehr in den Vernichtungs-Anstalten.
Sondern in den Psychiatrie-Anstalten und auf andere Weise.
Zum Beispiel mit Medikamenten oder
man gab den Patienten kein Essen mehr.

Auch nach 1941 starben sehr viele Menschen.

Dieser Pfleger, ein gesunder kraftvoller Mensch, ist nur dazu da, um diesen einen gemeingefährlichen Irren zu betreuen. Müssen wir uns dieses Bildes nicht schämen?!

Das nationalsozialistische "Euthanasie"-Programm – Morde an psychisch erkrankten, behinderten, „rassisch", politisch und sozial „unerwünschten" Menschen in Europa 1939 bis 1945

Der Begriff „Euthanasie" steht seit dem Nationalsozialismus als verschleiernder Ausdruck für den ersten systematischen Massenmord des NS-Regimes. Diese Verbrechen betrafen vor allem Kinder, Frauen und Männer, die in den psychiatrischen Anstalten, in Erziehungs- und Pflegeeinrichtungen, Behinderten- und Altersheimen lebten. Im Verlauf des Krieges weitete sich die „Euthanasie" aus, auf Zwangsarbeiter, KZ-Häftlinge, politisch Andersdenkende, Juden, Sinti und Roma, „Asoziale", Kriegsgefangene, traumatisierte Wehrmachtssoldaten und Zivilisten sowie auf Patienten in den besetzten Ländern. Nach heutigem Forschungsstand fielen diesem Mordprogramm mindestens 300 000 Menschen zum Opfer.

Sterbehilfe und „Vernichtung lebensunwerten Lebens", 1850 bis 1920
Die aktive Tötung von schwer kranken und behinderten Menschen war keine Idee der Nationalsozialisten. Weltweit diskutierten Akademiker seit Mitte des 19. Jahrhunderts unter dem Begriff „Euthanasie" (griechisch: „leichter, schöner Tod") über Sterbehilfe bei unheilbaren Erkrankungen. Die Auseinandersetzung um die Tötung auf Verlangen verknüpfte sich früh mit der Frage, ob die Gesellschaft das Recht haben sollte, „unheilbar geistig oder körperlich Kranke" zu töten. Dabei spielten „rassenhygienische" und ökonomische Gesichtspunkte eine Rolle.
Vor dem Hintergrund der sozialen und wirtschaftlichen Folgen des Ersten Weltkriegs erreichten diese Diskussionen einen Höhepunkt. 1920 schufen der Jurist Karl Binding und der Psychiater Alfred Hoche mit ihrer Schrift „Die Freigabe der Vernichtung lebensunwerten Lebens" die theoretische Grundlage für die NS-„Euthanasie".
Sie begründeten die Tötung von „unheilbar Blödsinnigen" und Komapatienten mit dem fehlenden Wert dieser „leeren Menschenhüllen", „geistig Toten" und „Ballastexistenzen" für die Gesellschaft. Mit Beginn des Zweiten Weltkrieges setzte das NS-Regime diese Vorstellungen in die Tat um.

Pfleger mit „gemeingefährlichem Irren":
„Müssen wir uns dieses Bildes nicht schämen?!"
Neues Volk, Jg. 1, 1933, Heft 5, S. 16

Beginn der planmäßigen NS-„Euthanasie" im Herbst 1939

In einem formlosen Schreiben auf privatem Briefpapier, rückdatiert auf den Kriegsbeginn am 1. September, erteilte Hitler den Auftrag, Ärzte zu benennen, die „unheilbar Kranken den Gnadentod gewähren" sollten. Die Tötungen der Psychiatriepatienten erfolgten gesetzeswidrig und streng geheim.
Den Auftakt bildete die Kinder-„Euthanasie". Drei Ärzte bestimmten behinderte Mädchen und Jungen zur Tötung in rund 30 „Kinderfachabteilungen".

Die Aktion „T4" – „Vernichtung der Unbrauchbaren", 1940/41

Das bekannteste NS-„Euthanasie"-Verbrechen ist die zentral gesteuerte Aktion „T4". Mehr als 70 000 Menschen fielen ihr zum Opfer.

Selektion per Meldebogen – Selektion durch Ärztekommissionen

Im Herbst 1939 versandte das Reichsinnenministerium Meldebögen zur Erfassung aller Patienten der Heil- und Pflegeanstalten im Deutschen Reich. Die Anstaltsleiter schickten die ausgefüllten Formulare an die Berliner Verwaltungszentrale zurück. Dort bestimmten 41 medizinische „Gutachter" und drei „Obergutachter" mit einem blauen Minus oder einem roten Kreuz über Leben und Tod jedes gemeldeten Patienten. Aufgrund der Selektionsentscheidungen stellte dann die Zentraldienststelle der „T4" Transportlisten mit den Namen der Patienten zusammen, die von den betreffenden Anstalten aus mit „Grauen Bussen" oder per Bahn deportiert werden sollten.
Reisende Ärztekommissionen kamen „vor Ort" zum Einsatz: aus Erkundungszwecken, zur Kontrolle der Angaben in den Meldebögen, aber auch für die Selektion in der Anstalt.

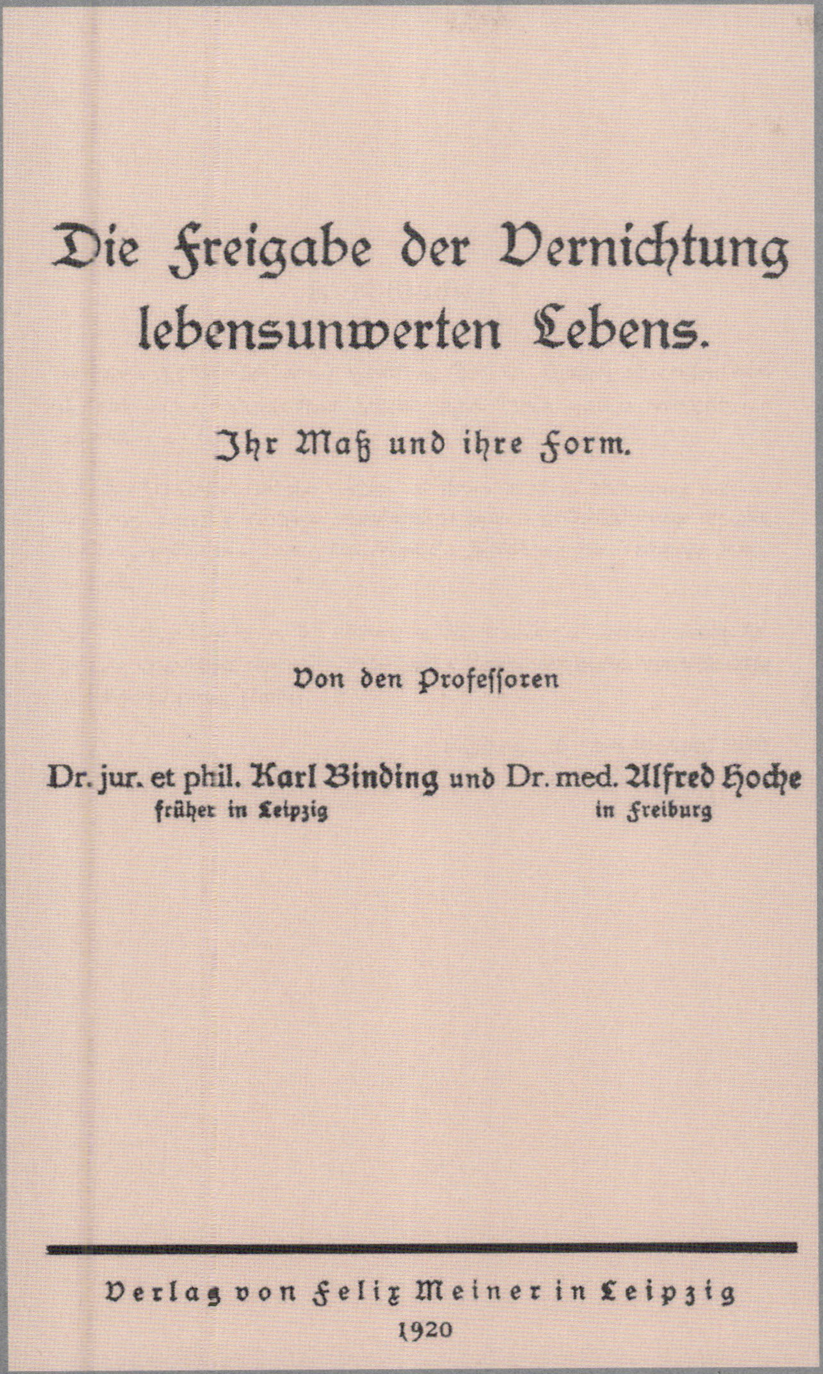

Die Freigabe der Vernichtung lebensunwerten Lebens.

Ihr Maß und ihre Form.

Von den Professoren

Dr. jur. et phil. Karl Binding und Dr. med. Alfred Hoche
früher in Leipzig in Freiburg

Verlag von Felix Meiner in Leipzig
1920

Buchtitel, Leipzig 1920
Quelle: Institut für Geschichte der Medizin, Berlin

ADOLF HITLER

BERLIN, DEN 1.Sept.1939.

Reichsleiter B o u h l e r und

Dr. med. B r a n d t

sind unter Verantwortung beauftragt, die Befug - nisse namentlich zu bestimmender Ärzte so zu er - weitern, dass nach menschlichem Ermessen unheilbar Kranken bei kritischster Beurteilung ihres Krank - heitszustandes der Gnadentod gewährt werden kann.

Von Bouhler mir
übergeben am 27.8.40
Dr. Gürtner

„Ermächtigungsschreiben" Hitlers an den Leiter seiner Kanzlei, Philipp Bouhler, und seinen Leibarzt Dr. Karl Brandt, 1939
Bundesarchiv Berlin, (R 3001/24209)

rechte Seite: Meldebogen Klara B. mit den Namenskürzeln der „Gutachter", Meldebogenversion ab Sommer 1940
Bundesarchiv Berlin, (R 179/18427)

Meldebogen 1 Z 67652

Lfde. Nr. 4005

Ist mit Schreibmaschine auszufüllen!

Name der Anstalt: Direktion der Heil- und Pflegeanstalt der Stadt Wien „Am Steinhof"

in: Wien 109, 14. Baumgartner Höhe 1

Erledigt in: [illegible]

Vor- und Zuname des Patienten: [redacted] Klara Sara geborene: am 8. 8. 40

Geburtsdatum: 19.2.1909 Ort: Wien Kreis: Beurkundet in [illegible]

Letzter Wohnort: Wien 2o., Kluckygasse 5 I/15 Kreis: am [illegible]

ledig, verh., verw. od. gesch.: led Konf.: mos Rasse[1]) Jüdin Staatsang.: DR

Anschrift d. nächsten Angeh.: Mutter Ida Barak Wien 2., Herminengasse 17/5

Regelmäßig Besuch und von wem (Anschrift): r. von Mutter

Vormund oder Pfleger (Name, Anschrift): Kurrator

Kostenträger: Seit wann in dortiger Anst.: 6.5.1939

In anderen Anstalten gewesen, wo und wielange: vorher Steinhof 1934,1937,1938

Seit wann krank: 1934 ? Woher und wann eingeliefert: Klinik

Zwilling ja/nein Geisteskranke Blutsverwandte: unbekannt

Diagnose: Schüzephrenie

Hauptsymptome: Persönlichkeitszerfall, versandet,

Vorwiegend bettlägerig? ja/nein nein sehr unruhig? ja/nein nein in festem Haus? ja/nein nein

Körperl. unheilb. Leiden: ja/nein Kriegsbeschäd.: ja/nein

Bei Schizophrenie: Frischfall Endzustand ja gut remittierend nein

Bei Schwachsinn: debil: imbezill: Idiot:

Bei Epilepsie: psych. verändert durchschnittliche Häufigkeit der Anfälle

Bei senilen Erkrankungen: stärker verwirrt unsauber nein

Therapie (Insulin, Cardiazol, Malaria, Salvarsan usw.): Dauererfolg: ja/nein nein

Eingewiesen auf Grund § 51, § 42b StrGB. usw. durch:

Delikt: Frühere Straftaten:

Art der Beschäftigung: (Genaueste Bezeichnung der Arbeit und der Arbeitsleistung, z. B. Feldarbeit, leistet nicht viel. — Schlosserei, guter Facharbeiter. — Keine unbestimmten Angaben, wie Hausarbeit, sondern eindeutige: Zimmerreinigung usw. Auch immer angeben, ob dauernd, häufig oder nur zeitweise beschäftigt.)

unbrauchbar

Ist mit Entlassung demnächst zu rechnen: nein

Bemerkungen:

Dieser Raum ist freizulassen.

+ [illegible] + [illegible] + [illegible]

+ [illegible]

Ort, Datum

Durch eine Komm[illegible] von Prof. Dr. F[illegible] [illegible] Leiters oder seines Vertreters)

[1]) Deutschen oder artverwandten Blutes (deutschblütig), Jude, [illegible] II. Grades, Neger (Mischling), Zigeuner (Mischling) usw.

[illegible] am - 7. AUG. 1940

[illegible]

3028 40 2 C

The National Socialists' "euthanasia" programme: the murder of the mentally ill, of people with disabilities, and of those considered "racially", politically and socially "undesirable" in Europe, 1939–1945

The best-known "euthanasia" crime was the centrally run "T4" operation, which extinguished the lives of 70,000 people. All of the patients at the mental asylums were registered in special forms. Medical "experts" at the Central Office at Tiergartenstrasse 4 selected their victims on the basis of criteria such as their "ability to work". "Useless" patients were murdered with poison gas at six central killing-centres. Although the "T4" operation was terminated internally in August 1941, the "euthanasia" programme was continued decentrally until 1945.
In nearly all clinics, patients were killed with drugs or starved to death. SS strike forces carried out the mass murder of patients, doctors and nurses in occupied Eastern Europe. Special murder programmes targeted disabled children (from 1939 on) and (between 1941 and 1943) the inmates of concentration camps. The premeditated murder of Jewish patients that started in summer 1940 signalled the actual start of the genocide against the Jews.

Ein neues Gesetz der Nazis:
Die „Rassenhygiene“

Im Jahr 1933 gibt es ein neues Gesetz von den Nazis.
In dem Gesetz steht:
Menschen, die körperlich oder geistig behindert sind,
sollen keine Kinder bekommen.
Diese Menschen kommen vor ein Gericht.
Dort ist auch ein Arzt ein Richter.
Er sagt, die Menschen müssen zwangs-sterilisiert werden.
Die Menschen wurden gegen ihren Willen unfruchtbar gemacht.
Mehr als 400 000 Menschen wurden zwangs-sterilisiert.

Die Nazis begründeten diese Verbrechen mit einem Gesetz.
Dieses Gesetz hieß Rassen-Hygiene.
Die Idee von der Rassenhygiene gab es schon lange vor
den Nazis, in der ganzen Welt.
Die Nazis haben aber die Menschen
zur Sterilisation gezwungen.

Selektionskriterien

Im Rahmen der Aktion „T4" war das entscheidende Kriterium über Leben und Tod die Arbeitsfähigkeit, bei Kindern und Jugendlichen die „Bildungsfähigkeit". Aber auch „störendes Verhalten", Pflegebedürftigkeit und die „Unheilbarkeit" der Erkrankung führten zur Selektion. Frauen waren besonders gefährdet, da ihre Arbeitsleistung und ihr Verhalten häufig negativer gewertet wurden.

Ermordung in sechs Tötungsanstalten

Die Organisatoren der „Aktion T4" wählten fünf Anstalten und das alte Brandenburger Zuchthaus aus, in denen Gaskammern installiert wurden: Grafeneck, Brandenburg an der Havel, Hartheim bei Linz, Pirna-Sonnenstein, Bernburg (Saale), Hadamar. Dort wurden die Patienten mittels Kohlenmonoxid ums Leben gebracht. Nur dem Arzt war es vorbehalten, das Ventil der Gasflaschen zu öffnen.

Ort der ersten Gaskammer, heute Gedenkort, im historischen „Fort VII" in Posen/Poznań, wo Einsatzgruppen im Oktober 1939 etwa 400 Psychiatrie-Patienten ermordeten
Foto: Stefanie Endlich

Dezentrale „Euthanasie", Tötungen „vor Ort", August 1941 bis 1945
Vor allem aufgrund der Proteste von kirchlicher Seite und wegen der Beunruhigung über die Krankenmorde in der Bevölkerung verfügte Hitler am 24. August 1941 mündlich die Einstellung der Tötungen durch Giftgas.
Nach diesem Abbruch wurde die „Euthanasie" dezentral fortgesetzt: Die Selektionen erfolgten nun in den einzelnen Anstalten nach Maßgabe der Anstaltsleiter.
Ausgewähltes Krankenpflegepersonal, das seine Bereitschaft zur Mitarbeit bei der „Euthanasie" erklärt hatte, war direkt an den Tötungen beteiligt. Diese erfolgten mit überdosierten Medikamenten und durch gezieltes Verhungernlassen.

Die massenhaften Krankenmorde in den besetzten Ländern Ost- und Südost-Europas sind bisher noch kaum erforscht.

Gaskammer in Bernburg
Foto: Fotosammlung der Gedenkstätte Bernburg

„Sonderbehandlung 14f13" – die Selektion von KZ-Häftlingen durch Ärztekommissionen der Zentraldienststelle „T4"

Ab Frühjahr 1941 selektierten „T4"-Ärztekommissionen geschwächte und arbeitsunfähige KZ-Häftlinge. Sie wurden in den Tötungsanstalten Pirna-Sonnenstein, Bernburg und Hartheim umgebracht.

Jüdische Patienten als Opfer der Aktion „T4" – Verbindung von „Euthanasie" und Holocaust

Schon im Sommer 1940 wurden die jüdischen Patienten allein aufgrund des Kriteriums „Rasse" in den „T4"-Tötungsanstalten umgebracht. Ihre Ermordung im Rahmen der zentralen „Euthanasie" ist der eigentliche Beginn des Völkermordes an den europäischen Juden.

Antwort auf die Anfrage der Eltern an die „T4"-Tarnorganisation Gekrat nach dem Aufenthaltsort des Sohnes, 21.05.1941. Das Schreiben wurde erst einen Tag nach dem Absenden der Todesmitteilung verfasst.
Hessisches Hauptstaatsarchiv Wiesbaden (Abt. 631a, Nr.1637 VI/875)

Anwortschreiben der Zentralverrechnungsstelle „T4"an einen Vater, der um die Entlassung seines Sohnes aus Hadarmar gebeten hatte
Hessisches Hauptstaatsarchiv Wiesbaden

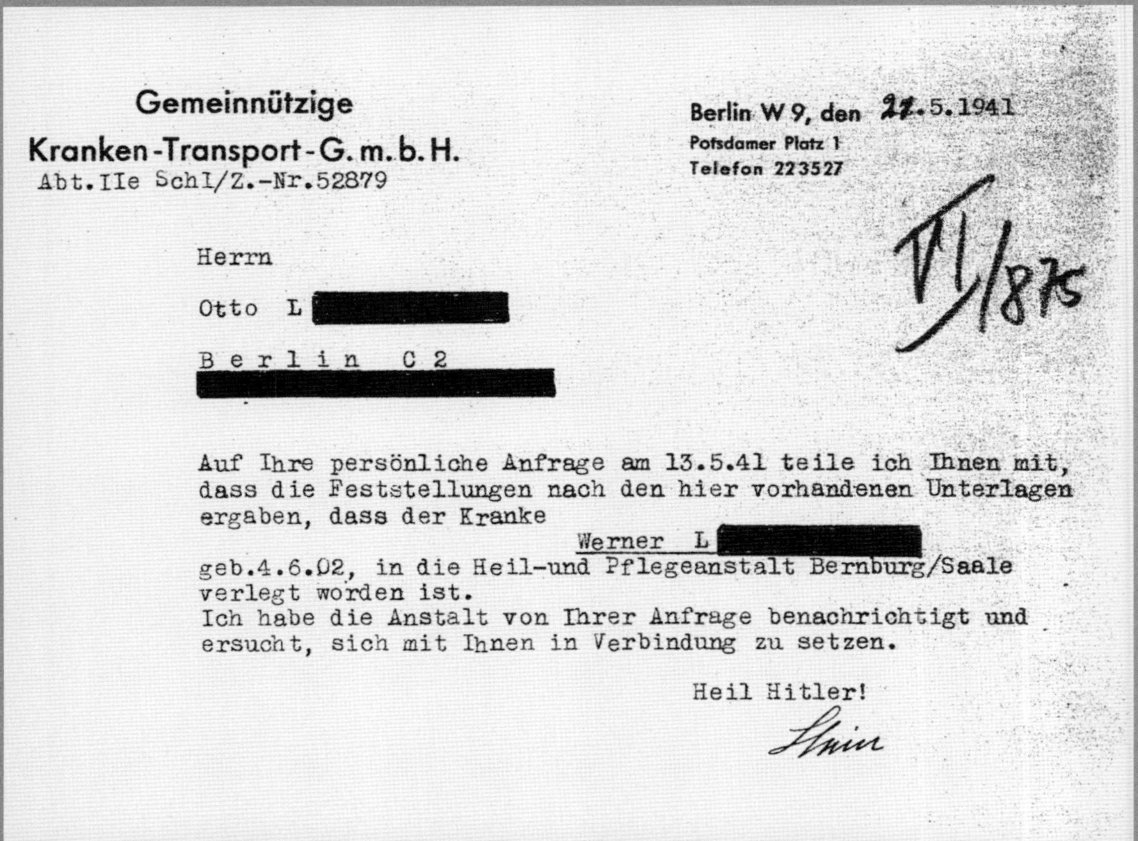

Gemeinnützige
Kranken-Transport-G.m.b.H.
Abt.IIe Schl/Z.-Nr.52879

Berlin W 9, den 21.5.1941
Potsdamer Platz 1
Telefon 223527

VI/875

Herrn
Otto L [redacted]
B e r l i n C 2
[redacted]

Auf Ihre persönliche Anfrage am 13.5.41 teile ich Ihnen mit, dass die Feststellungen nach den hier vorhandenen Unterlagen ergaben, dass der Kranke
Werner L [redacted]
geb.4.6.02, in die Heil-und Pflegeanstalt Bernburg/Saale verlegt worden ist.
Ich habe die Anstalt von Ihrer Anfrage benachrichtigt und ersucht, sich mit Ihnen in Verbindung zu setzen.

Heil Hitler!

Der Leiter
der
Zentralverrechnungsstelle
Heil- und Pflegeanstalten

Postscheckkonto: Berlin 6010
Bankkonto: Deutsche Bank, Stadtzentrale, Berlin W 8

F 798 T
Gesch.-Z.: ....
(Bei Beantwortung bitte angeben)

Berlin W 35, den 16. April 1944.
Tiergartenstr. 4
Fernruf 229263

Herrn
Max F

G Bez. Magdeburg
Hauptstrasse 50

Betrifft: Hellmut F , geb. 1925.

Nachdem ich in die Akten Einsicht genommen habe und auch eine Äusserung des Chefarztes der Landesheilanstalt Hadamar vorliegen habe, komme ich unter Bezugnahme auf mein Schreiben vom 3. April d.J. auf die Angelegenheit zurück.

Ihr Sohn bedarf unbedingt zumindest für nicht absehbare Zei unter Berücksichtigung der Kriegsverhältnisse der Anstaltsbehandlung. Er würde bei einer Entlassung im freien Leben sehr wahrscheinlich doch wieder versagen und dann erneut in Anstaltspflege kommen müssen. Nach Art seiner Erkrankung kann unter Berücksichtigung der ergangenen Bestimmungen eine Entlassung erst dann erfolgen, wenn mit grosser Wahrscheinlichkeit eine längere anstaltsfreie Zeit erwartet werden kann.

Aus den Akten habe ich ersehen, daß Ihr Einkommen über RM 300.00 netto beträgt. Da m.E. aussergewöhnlich finanzielle Belastungen nicht bestehen, dürfte für den Kranken Hilfsbedürftigkeit im fürsorgerechtlichen Sinne wahrscheinlich nicht anerkannt werden.

-b.w.-

Q/0165 502 43

Ich muss deshalb erneut bitten, nunmehr umgehend den Kostenrückstand bis 31. März 1944 in Höhe von RM 273.00 auszugleichen; und die fälligen Monatszahlungen spätestens bis zum 15. eines jeden Monats zu leisten.

Wenn Sie glauben die Kosten nicht allein aufbringen zu können, empfehle ich, deswegen mit dem Kreiswohlfahrtsamt in Genthin zu verhandeln. Solange hier nicht von dieser Stelle oder dem für die Anstaltsfürsorge der Prov. Sachsen zuständigen Landesfürsorgeverband in Merseburg Kostenzusicherung vorliegt, muss ich Sie belasten.

I.V.
gez. Becker.

/t.

An die
Landesheilanstalt
H a d a m a r (Nassau)

Abschrift übersende ich unter Beifügung der Akten mit der Bitte um Kenntnisnahme.

I.V.

/t.

"Euthanasia" is an expression used to obscure the first mass murder committed by the Nazi regime. The people affected were mostly in psychiatric clinics, educational establishments, nursing homes, homes for the disabled, and old-people's homes. During the war, "euthanasia" was extended to forced labourers, concentration camp inmates, people with different political views, Jews, Sinti and Roma, "asocials", POWs, traumatised Wehrmacht soldiers and civilians, and patients in the occupied countries. Approximately 300,000 people became the victims of the murder of ill people. Academics had been debating the killing of mental disabled people and the very ill since the mid-19th century – increasingly with reference to "racial hygienic" and economic considerations. "Ballast" was evidently of no further use to society. When the Second World War began, the Nazi regime started putting this idea into practice. Hitler himself gave the order to "give the incurably ill a mercy death".

Das „Euthanasie“– Programm der Nazis

Das Wort „Euthanasie“ ist ein Wort aus der griechischen Sprache.
Es bedeutet: man unterstützt jemanden und bleibt bei ihm,
bis er stirbt.
Die Nazis haben das Wort für ihre Politik benutzt.
Sie haben gesagt,
dass Menschen mit Behinderungen nicht leben dürfen.
Weil Menschen mit Behinderungen nicht nützlich sind.
Und weil sie weniger wert sind.
Dann machten die Nazis einen Plan.
Die Nazis haben in der NS-Zeit viele Menschen mit Behinderungen ermordet.
Das haben die Nazis dann „Euthanasie-Programm“ genannt.
Das schwere Wort sollte von dem Verbrechen ablenken.
Die „Aktion T4“ war so ein Plan.
Damit wurde der Massen-Mord an Menschen mit Behinderungen
und psychischen Krankheiten geplant.

Die Menschen mit Behinderungen lebten in Psychiatrie-Anstalten,
Behinderten-Heimen oder in Pflege-Heimen.
Die Menschen mit Behinderungen aus den Heimen wurden erst in
Psychiatrie-Anstalten gebracht.
Aus den Psychiatrie-Anstalten wurden sie dann
in Vernichtungs-Anstalten gebracht und dort getötet.
Später wurden auch Menschen aus Konzentrations-Lagern,
Kriegs-Gefangene und Juden nach diesem Plan ermordet.
Oder Menschen, die durch den Krieg
psychisch krank wurden.

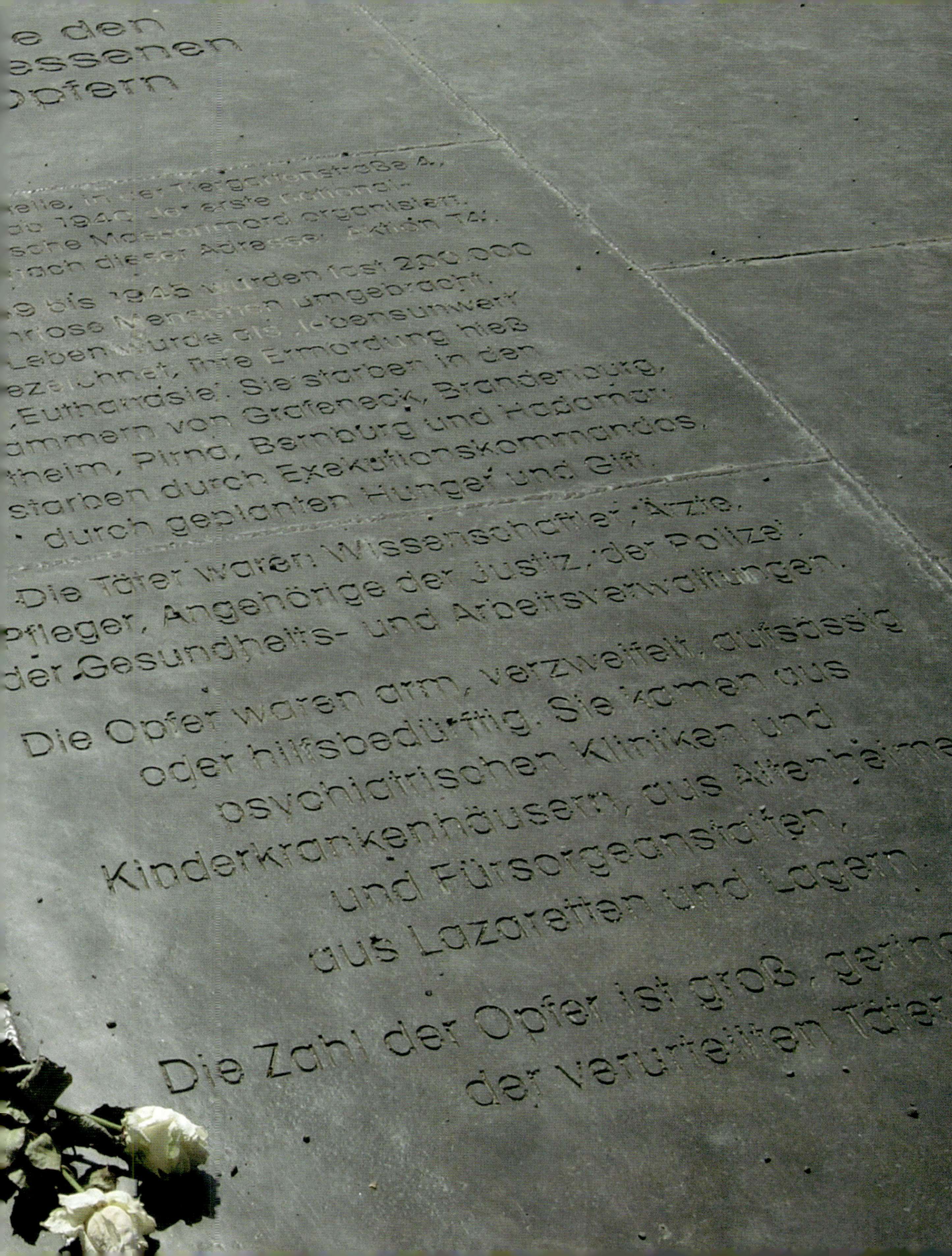

Foto: Mechthild Wilhelmi

Die 16 000-Euro-Frage im RTL-Quiz „Wer wird Millionär" vom 4. März 2013 lautete:

„Wovon ist häufig die Rede, wenn das Miteinander von Menschen mit und ohne Behinderung gemeint ist?“
Als Antwort gab es folgende Optionen:
A) Induktion B) Infusion C) Inklusion D) Interpunktion

Der Oberbürgermeister der Stadt Oldenburg, Gerd Schwandner, beendete seinen Kommentar hierzu mit den folgenden Sätzen:
„Das Thema Inklusion dürfte nicht bei einer 16 000-Euro-Frage auftauchen und dort für Probleme sorgen.
Es müsste Gegenstand einer 100-Euro-Frage sein – als etwas, das so selbstverständlich ist, dass es sich von allein beantwortet.
Wenn wir so weit sind, dann haben wir's geschafft!“

http://www.oldenburg.de/startseite/politik/oberbuergermeister/aktuelle-kolumne/archiv/kolumne-08032013.html

Verdrängen, Vergessen, Erinnern, offene Fragen

Die Opfer der Krankenmorde und Zwangssterilisationen gehörten in beiden Teilen Deutschlands jahrzehntelang zu den vergessenen Opfergruppen. Die Gründe hierfür wurden erst allmählich erkannt und erforscht.

Ärzte und Pflegepersonal, Angehörige hoch angesehener Berufe, hatten beim Morden aktiv mitgewirkt. Wissenschaftler und Forschungseinrichtungen waren Nutznießer der „Euthanasie"-Morde. Die meisten Täter konnten ihre Karriere nach 1945 unbehelligt fortsetzen.

Die unzureichende juristische Verfolgung und die verspätete gesellschaftliche Aufarbeitung der „Euthanasie"-Verbrechen sind Ausdruck der fortgesetzten Ausgrenzung und Stigmatisierung ihrer Opfer. Die meisten Strafprozesse – im Osten wie im Westen – fanden bis 1952 statt. Danach gab es nur noch wenige Verfahren, und die Rechtsprechung veränderte sich zugunsten der Täter. Die Medizinverbrechen galten als „nicht typisches NS-Unrecht". Den Angehörigen der Ermordeten sowie den Zwangssterilisierten wurden jahrzehntelang Anerkennung und materielle Entschädigung verweigert. Bis heute sind sie anderen NS-Verfolgten nicht gleichgestellt.

Das Stigma eines vermeintlichen „Erbleidens" und angeblicher „Minderwertigkeit" beschämte und verunsicherte die Familien der Opfer so anhaltend, dass viele bis heute das Schicksal ihrer Angehörigen ignorieren oder verschweigen. Erst mit dem Generationen-Wechsel gelingt es allmählich, das Schweigen zu durchbrechen.

Angehörige und Betroffene schlossen sich 1987 im Bund der „Euthanasie"-Geschädigten und Zwangssterilisierten zusammen. Ebenfalls in den 1980er Jahren begannen – im Zuge der Bewegung „Geschichte von unten" – Mitarbeiter psychiatrischer Einrichtungen, sich mit der NS-Vergangenheit der eigenen Institution zu beschäftigen. Heute gibt es in vielen Kliniken Gedenkzeichen für die ermordeten Patienten und historische Ausstellungen, und an den zentralen Mordstätten sind Gedenkstätten entstanden.

Die Erinnerung an die „Euthanasie"-Opfer sensibilisiert für aktuelle ethische Fragestellungen etwa zur Sterbehilfe oder zur Forschung an Nichteinwilligungsfähigen. Die 2008 in Kraft getretene UN-Behindertenrechtskonvention betont die Menschenwürde als Voraussetzung für die Stärkung behinderter Menschen in der Gesellschaft. Sie fordert dazu auf, „Behinderung" neu zu denken: nicht als individuellen Defekt, sondern als Ergebnis des sozialen Miteinanders von Menschen mit und ohne Beeinträchtigungen.

Abbildungen auf nächster Seite

Frühe Dauerausstellung „Totgeschwiegen" aus dem Jahr 1988 in der damaligen Karl-Bonhoeffer-Nervenklinik in Berlin Reinickendorf, zuvor Wittenauer Heilstätten, heute Vivantes Klinik Wittenau
Foto: Stefanie Endlich

Seit 2005 wird die „Euthanasie"-Gedenkstätte Grafeneck durch ein Dokumentationszentrum ergänzt.
Foto: Bildarchiv Gedenkstätte Grafeneck – Dokumentationszentrum

Als letzte der ehemaligen „Euthanasie"-Mordzentren erhielt Brandenburg an der Havel im Jahr 2012 eine aktiv arbeitende Gedenkstätte.
Foto: Stefanie Endlich

Verlegungsanstalten
für die
Wittenauer Heilstätten
Die Ermordung
behinderter
Kinder
in Wittenau
Krankenmorde
in
Wittenau

DOKUMENTATIONSZENTRUM
GEDENKSTÄTTE
GRAFENECK

Widerstand
gegen den
Krankenmord

Repressing, forgetting, remembering and open questions

For decades, the victims of "euthanasia" and compulsory sterilisation were among the forgotten groups of victims of the National Socialists. Half-hearted legal prosecution and the very late attempt by German society to deal with the past show that exclusion and stigmatisation still existed after 1945. The medical crimes were seen as "atypical Nazi injustices". The relatives of the victims and the survivors were long denied recognition and compensation. Many of the victims' families were embarrassed by the ostensible "inherited disease". It was only in the 1980s that a debate began at many different levels – in families and clinics, as well as among historians and groups of citizens – with the establishment of a federation of those damaged by "euthanasia" and compulsory sterilisation, and the establishment of memorial museums. Remembrance of the "euthanasia" victims sensitises people to current ethical questions, too. Since 2008, the UN Convention on the Rights of Persons with Disabilities has been demanding the acceptance of "inclusion" as a human right.

Die „Euthanasie"-Verbrechen darf niemand vergessen!

Nach dem Krieg sprach niemand über diese Verbrechen.

Die Opfer wurden für lange Zeit vergessen.
Noch heute kämpfen die Opfer und ihre Familien darum,
nicht vergessen zu werden.
Nur wenige Mitarbeiterinnen und Mitarbeiter der Planungs-Zentrale
haben für ihre Verbrechen eine Strafe bekommen.
Die Ärzte und das Pflege-Personal haben
nach dem Krieg in ihren Berufen weiter gearbeitet.

Niemand hat sich bei den Familien der Opfer
für diese Verbrechen entschuldigt.

Die Familien der Opfer trauten sich lange Zeit nicht,
darüber zu sprechen.
Erst vor 30 Jahren trauten sich einige Familien der Opfer,
mit anderen offen darüber zu sprechen.
Auch das Fach-Personal von Psychiatrie-Anstalten
beschäftigte sich später mit den Verbrechen.

Heute setzen sich immer mehr Menschen dafür ein,
dass niemand die Verbrechen vergisst.
Und es gibt immer mehr Gedenk-Orte
für die Opfer.

H

Sigrid Falkenstein

„Wie heißt die deutsche Hauptstadt?" fragt ein Arzt 1936 die Patientin Anna Lehnkering in der Heil- und Pflegeanstalt Bedburg-Hau. Anna überlegt, aber der Name fällt ihr nicht ein. „Das ist eben so dumm, dass man keine höhere Schule besucht hat", lautet ihre Antwort. Sie ahnt nicht, welch unheilvollen Einfluss die Politik im fernen Berlin auf ihr Leben hat. Bereits zwei Jahre zuvor ist sie aufgrund des Gesetzes zur Verhütung erbkranken Nachwuchses zwangssterilisiert worden. 1940 wird sie wegen angeblich „angeborenen Schwachsinns" und als sogenannte „nutzlose Esserin" in der Gaskammer von Grafeneck ermordet.
Mein Name ist Sigrid Falkenstein. Ich bin Annas Nichte. Wenn ich heute hier – am Ort der Täter – über Anna spreche, so möchte ich ihr damit wenigstens symbolisch etwas von ihrer menschlichen Würde zurückgeben. Anna lachte, weinte, war fröhlich oder traurig – kurzum, sie hatte wie jedes einzelne der „Euthanasie"-Opfer eine unverwechselbare Persönlichkeit. Ein wenig davon wollen wir in unserer Ausstellung zeigen.
Als das Berliner Themenjahr „Zerstörte Vielfalt" geplant wurde, war das Thema der „Euthanasie"-Morde zunächst nicht vorgesehen. Umso erfreulicher ist es, dass wir diese Ausstellung eröffnen können – auch dank des Berliner Kulturstaatssekretärs André Schmitz, der heute leider nicht dabei sein kann.
Die Ausstellung präsentiert in gewisser Weise zwei Biografien – die meiner Tante, deren Lebenslauf für viele andere Opfer stehen soll, und die Geschichte der „T4"-Villa. Darüber hinaus wird der historische Kontext der NS-„Euthanasie" erläutert und über Täter informiert, die in Verbindung zur Tiergartenstraße 4 standen sowie unmittelbar mit Annas Ermordung zu tun hatten.
Noch ein Hinweis zu unserem Team: Wir sind sechs Personen mit ganz unterschiedlichem beruflichen Hintergrund – was ein Vorteil für unsere gemeinsame Arbeit war. Es ermöglichte eine gewisse thematische Arbeitsteilung, die sich unter dem Strich zu einem gemeinsamen Ganzen fügte.

Sigrid Falkenstein geboren 1946 in Mülheim an der Ruhr; Lehrerin in Berlin 1971–2009. Bürgerschaftliches Engagement gegen das Vergessen seit 2003, nach Entdeckung des Mordes an ihrer Tante Anna Lehnkering; Mitbegründerin des Runden Tisches zur Umgestaltung des Erinnerungsortes Tiergartenstraße 4. Buchpublikation gemeinsam mit Prof. Dr. Dr. Frank Schneider über ihre persönliche Spurensuche und den gesellschaftlichen Kontext: Sigrid Falkenstein, Annas Spuren. Ein Opfer der NS-„Euthanasie" (2012). http://www.euthanasie-gedenken.de

Petra Fuchs

Mit Sigrid Falkenstein verbindet mich das Bemühen, die Opfer von nationalsozialistischer Zwangssterilisation und Krankenmord in ihrer Individualität sichtbar zu machen. Diese Opfergruppe, zu der vor allem Menschen mit psychischen Erkrankungen und „geistigen Behinderungen" zählen, findet erst in jüngster Zeit schrittweise Eingang in die offizielle Erinnerungskultur. Diese zögerliche Entwicklung erstaunt nicht angesichts der Tatsache, dass auch heute noch Menschen, die unter dem NS-Regime der Gefahr von Unfruchtbarmachung und „Euthanasie" ausgesetzt gewesen wären, diskriminiert, mit Vorurteilen konfrontiert und gesellschaftlich ausgeschlossen werden.
Die Erforschung des nationalsozialistischen Krankenmordes ist Teil meiner wissenschaftlichen Arbeit und meiner Lehrtätigkeit: Ich bin Erziehungswissenschaftlerin und Historikerin. Mein Blick auf diese Medizinverbrechen ist darüber hinaus geprägt von dem lebensgeschichtlichen Wissen, das ich mir als körperlich beeinträchtigte Frau erworben habe.
Unsere temporäre Ausstellung zeigt nur einen kleinen Teil aus dem breiten Themenkomplex zum NS-Krankenmord. Zeitlich geht sie dem geplanten nationalen Gedenk- und Informationsort voraus, der auf dem Vorplatz der Philharmonie im Jahr 2014 realisiert werden soll. Die Erarbeitung der wissenschaftlichen Information für diesen zukünftigen Ort von bundesweiter Bedeutung erfolgt durch eine DFG-geförderte Forschergruppe, der auch ich angehöre.
Ein zentrales Anliegen unserer temporären Ausstellung ist es, sie auch jenen Menschen zugänglich zu machen, die in der Zeit des Nationalsozialismus potenziell Opfer von Entwertung und Entmenschlichung, von Zwangssterilisation und Krankenmord geworden wären. Die Ausstellung ist barrierefrei, soweit dies im Rahmen unserer Möglichkeiten machbar war, und bietet eine Textversion in „Leichter Sprache" für Menschen mit Lernbehinderungen.

Dr. Petra Fuchs geboren 1958 in Herten/NRW; Erziehungswissenschaftlerin und Historikerin. Mitglied des DFG-Erkenntnistransferprojektes „Erinnern heißt gedenken und informieren: Die nationalsozialistische ‚Euthanasie' und der historische Ort Berliner Tiergartenstraße 4" sowie der Forschergruppe „Kulturen des Wahnsinns" am Institut für Geschichte der Medizin der Charité. Forschungsschwerpunkte: Dis/ability History, Geschichte der Sonderpädagogik, Medizin im NS, Patientengeschichte, Biografieforschung.

Alexandra Pohlmeier

Wie meine Vorrednerin Petra Fuchs interessiert mich bei der Beschäftigung mit historischen Themen immer auch der aktuelle Bezug.

2008 habe ich einen Film über Dorothea Buck fertiggestellt. Sie ist wohl die einzige mit der damaligen Diagnose Schizophrenie, die Zwangssterilisation und „Euthanasie" überlebt hat, seit über 50 Jahren gesund ist und uns heute über die Ereignisse aus eigenem Erleben erzählen kann. Für einen anderen Film habe ich Interviews mit Angehörigen geführt und noch einmal mehr erfahren, wie schwer es Angehörigen bis heute fällt, über ihre ermordeten Verwandten zu sprechen.
Das hat sicherlich verschiedene Gründe. Einer davon ist meiner Meinung nach der, dass das, was die Nazis „Erbgesundheitslehre" genannt haben, nie in einem breiten gesellschaftlichen Diskurs offen hinterfragt worden ist, und Angehörige mittlerweile in der vierten Generation Angst haben, sie könnten selbst an dem vermeintlichen „Erbleiden" ihrer ermordeten Verwandten erkranken. Das zeigt auf erschreckende Weise, dass die Aufarbeitung dieses Themas – immer noch – sehr ungenügend ist.

Auch deshalb engagiere ich mich, wie fast alle in unserer Arbeitsgruppe, seit Jahren am Runden Tisch zur Umgestaltung dieses Ortes hier zu einem würdigen Gedenk- und Informationsort. Dafür hege ich schon lange große Pläne für eine künstlerisch und gestalterisch innovative multimediale Informationsebene. Aber das ist Zukunftsmusik.

Die Ausstellung, die Sie hier im nächsten halben Jahr sehen werden, hat Helga Lieser visuell konzipiert und realisiert, und sie wird Ihnen nun etwas mehr dazu sagen.

Alexandra Pohlmeier geboren in München; Grundstudium Publizistik, Theaterwissenschaften und Nordamerikanistik, Schwerpunkt Oral History an der FU Berlin; Abschluss Münchner Filmhochschule 1986; lebt und arbeitet seither als Regisseurin und Produzentin in Berlin und Nordfriesland. Mit dem Thema „Euthanasie" beschäftigen sich u.a. ihre Filme „Himmel und mehr – Dorothea Buck auf der Spur" und „Wohin bringt ihr uns?" 2009 Mediensonderpreis der Deutschen Gesellschaft für soziale Psychiatrie.
www.himmelundmehr.de

Helga Lieser

Es ist eine Ausstellung im Außenraum. Dies erfordert eine klare und plakative Gestaltungssprache, die innerhalb kürzester Zeit dem Betrachter das Wesentliche veranschaulichen soll.
Die Grundidee ist, die drei Themen sowohl einzeln und individuell als auch im Zusammenspiel als Ganzes zu vermitteln: den Ort, das Leben der Anna und die „Euthanasie" mit ihren T4-Akteuren. Die Gestaltung variiert in Form und Farbe. Die Ausstellung besteht aus achtzehn Bild-Text-Tafeln und zwei Titel-Tafeln jeweils an den Stirnseiten.
Das Ausstellungsmodul, optisch an ein Baugerüst angelegt, bietet die Möglichkeit zu einer schlichten, dennoch räumlichen Präsentationsform. Inhaltlich spielt es auf das fragmentarische Wissen an, aber auch auf den zukünftigen Baustellencharakter dieses Ortes. Die beiden Module stehen räumlich etwas versetzt zueinander.
Es gibt ein Innen und ein Außen.
Die Klammer im Außen bilden der Ort und der Ausstellungstitel. Das Außen wird bespielt mit sechs Tafeln zur Geschichte des Ortes, in Blickrichtung auf das historische Gelände. Ihr dokumentarischer Charakter wird durch einen weißen (neutralen) Hintergrund unterstützt. Die dramaturgische Komponente sind die großformatigen Photos.
Im Innen bildet die Biographie der Anna den Auftakt. Die Hintergrundfarbe ist ein zarter Gelbton, der Wärme und Menschlichkeit zum Ausdruck bringt. Die großzügige Gestaltung dieses Kapitels gibt Anna virtuell den Raum, den sie nie hatte. Die Großfotos sind in einem Halbrund gestaltet, zwei links ausgerichtet – mit dem dritten, rechtsausgerichteten Photo schließt sich ihr Lebenskreis.
Verwoben ist Annas Geschichte mit dem Thema „Euthanasie" und sehr direkt mit den entsprechenden T4-Akteuren, den Tätern. Dieses Thema hat einen grauen Hintergrund, ein Ausdruck für die schwierige Zeit zwischen 1938 und 1945. Zwei Tafeln geben einen Überblick zum Thema „Euthanasie", zwei weitere beschreiben in Form von Kurzbiographien die Täter.
In einer Deutschlandkarte wird der enge Bezug zwischen Annas Weg, ihren Mördern und den Orten des „T4"-Programms deutlich.
Die Abschlusstafel in grau (NS-Vergangenheit) und zartgelb (heutige Auseinandersetzung) gehaltenem Hintergrund stellt eine Auswahl an Projekten im Umgang mit dem Thema „Euthanasie" vor.

Dipl. Des. Helga Lieser geboren in Trier; seit 1979 in Berlin. Studium der Visuellen Kommunikation in Trier, München und Berlin; 1983 Diplom an der Hochschule der Künste Berlin (jetzt UDK) mit den Schwerpunkten Film, Photographie und Kunstgeschichte; seit 1984 freiberufliche Ausstellungsdesignerin, -macherin und Graphikerin ausschließlich im museal-kulturellen und im Gedenkbereich. Gründungsmitglied der Initiative Berliner Zeitungsviertel (1. Vorsitzende); seit 2009 Regionalsprecherin der Alliance Deutscher Designer für Berlin und Brandenburg.

Ralf Sroka

Meine Beschäftigung mit dem historischen Ort der Villa Tiergartenstraße 4, also genau mit dem Ort, an dem wir heute stehen, begann mit der Koordinierung des Gestaltungswettbewerbs für den zukünftigen nationalen Gedenk- und Informationsort. Die Geschichte des Tiergartenviertels war mir als Architekt gegenwärtig, aber die Wiederentdeckung eines Hauses, auch wenn nur eine Leerstelle davon geblieben ist, verdeutlicht, dass dessen Geschichte immer ein Spiegel der Geschehnisse und Zeitläufe seines Quartiers ist. Dies zeigt sich bei der Villa Tiergartenstraße 4 besonders deutlich und ist beispielhaft über diesen Ort hinaus.

Wir waren uns einig, dass die Geschichte der Villa sich wie eine Biografie lesen lassen sollte: zwar komprimiert dargestellt, aber mit kleinen lebendigen Details und Anekdoten versehen. Wir suchten und entdeckten die Hinweise zu dem Ort in Bauakten, unterschiedlichen Biografien und Quellen. Ein zufälliger Planfund in einem Vermessungsamt ermöglichte es zum Beispiel, das historische Grundstück mit der Philharmonie zu überlagern und so Vergangenheit und Gegenwart zu vereinen.

Die Biographie der Tiergartenstraße 4 steht beispielhaft für die Villenkolonie des Tiergartenviertels mit ihrer Vielfalt des künstlerisch-kulturellen, bürgerlichen Lebens. So waren die direkten Nachbarn: Cassirer, Kolbe, Ludwig Hoffmann, Zuckmayer, Menzel, Rathenau, Tietz, Mosse, Ullstein und viele andere.

Die bürgerliche Villa wurde in widersinniger Weise als „Zentraldienststelle T 4" benutzt. Sie verschwand schrittweise, wurde erst zerstört, dann gesprengt, abschließend abgeräumt wie auch die Häuser in ihrer Nachbarschaft und mit ihnen die kulturelle Vielfalt des östlichen Tiergartenviertels. Es folgte das Vergessen und das Verschweigen. Es ist nicht leicht, sich das historische Bild des Viertels zu vergegenwärtigen. Das ist bis heute eine große Herausforderung, da mit dem Neubeginn und der Errichtung des Kulturforums eine völlig andere Struktur folgte.

Ralf Sroka geboren 1958 in Kierspe/ Westf.; Architekturstudium an der TU Berlin, Diplom 1985; Mitarbeit im Büro Bagert/Jansen/ Scholz/Schultes; freiberuflicher Architekt seit 1990; bis 1995 in Partnerschaft mit Gerd Münster, ab 1996 wechselnde projektbezogene Partnerschaften mit Almut Geier und Enno Maass, Carlo Witte, Volker Staab, Machleidt GmbH.
Arbeitsschwerpunkte: Denkmalschutz, Wohnungsbau, städtebauliche und architektonische Beratung, Koordinierung von Wettbewerben für Architektur, Städtebau, Kunst am Bau, Kunst im öffentlichen Raum.

Stefanie Endlich

Als Autorin und Ausstellungsmacherin habe ich mich immer wieder mit konkreten historischen Orten beschäftigt, an denen sich Verfolgung vollzog oder an denen Verfolgung geplant wurde. Sie sind für Erinnern und Gedenken von ganz besonderer Bedeutung. Auch wenn sie abgeräumt oder überbaut sind, können Besucher hier einen ganz persönlichen Zugang zum Thema finden.

Historische Orte sprechen allerdings nicht für sich, sie müssen erläutert werden. Es war kein einfacher Prozess, für den Ort der ehemaligen „T4"-Villa das Profil eines zukünftigen Erinnerungs-Ortes von nationaler Bedeutung zu entwickeln, der dem Gedenken der Opfer gewidmet ist und zugleich Auskunft gibt über Täter und Hintergründe. Von hier aus wird man auch den Blick auf die ehemaligen „Euthanasie"-Mordanstalten richten, an denen sich heute Gedenkstätten befinden. Man wird die vielen dezentralen Stätten des Geschehens, vor allem die ehemaligen Heil- und Pflegeanstalten, wahrnehmen und hoffentlich auch Informationen finden über die bisher noch kaum beachteten massenhaften Krankenmorde in den besetzten Ländern Osteuropas.

Für den zukünftigen Gedenk- und Informationsort ist es eine große Herausforderung, das Thema „Euthanasie" in die öffentliche Wahrnehmung zu rücken, in seiner ganzen Breite und Bedeutung, mitsamt seiner schwierigen Vor- und Nachgeschichte. Unsere kleine Ausstellung konzentriert sich auf die Geschichte der Villa und die Biografie einer jungen Frau. Sie bündelt die Aspekte des großen Themas und die Frage nach den Tätern wie in einem Brennspiegel.

Wenn im Sommer die Bauarbeiten für den zukünftigen Erinnerungsort beginnen, wird sich unsere Rauminstallation in eine Bauzaun-Ausstellung verwandeln. Später könnte sie den Platz wechseln und an Orte versetzt werden, die vielleicht als ehemalige Stätten des Geschehens mit dem Thema verbunden sind – oder dorthin, wo sich Menschen finden, die Interesse am Thema haben. Wir haben sie als Wanderausstellung konzipiert. Zunächst jedoch freuen wir uns, dass sie hier, an diesem schwierigen „Ort der Täter" zustande gekommen ist. Wir danken dem Bürgermeister von Berlin-Mitte, Dr. Christian Hanke, für seine Eröffnungsworte und der Gruppe RambaZamba für den wunderbar heftigen musikalischen Auftakt der Ausstellung – die hiermit eröffnet ist.

Prof. Dr. Stefanie Endlich geboren 1948 in Dresden; Studium der Soziologie und Wirtschaftswissenschaften; Lehrtätigkeit an der TU Berlin 1972–1975; seit 1979 Lehrbeauftragte an der HdK / Universität der Künste Berlin; dort seit 2003 Honorarprofessorin für Kunst im öffentlichen Raum.
Freiberufliche Kunstpublizistin (Bücher, Zeitschriften) und Ausstellungsmacherin; Schwerpunktthemen bildende Kunst, Architektur, Stadtgeschichte, Erinnerungskultur; Zusammenarbeit mit Gedenkstätten in Projekten und Gremien.

Euthanasie
Gaskammern von Grafeneck, Brandenburg
Hartheim, Pirna, Bernburg und Hadamar
sie starben durch Exekutionskommandos
durch geplanten Hunger und Gift
Die Täter waren
Pfleger, Angehörige der Justiz, der Polizei
der Gesundheits- und Arbeitsverwaltungen
Die Opfer waren arm
oder hilfsbedürftig. Sie kamen aus
psychiatrischen Kliniken und

Rainer E. Klemke
Zum Geleit

Zwei Dutzend schwarz gekleidete Menschen marschieren mit Transparenten, Pauken und Trompeten vor der Berliner Philharmonie am historischen Ort der Planung und Organisation der „Euthanasie"-Morde des NS-Regimes in Berlin auf. Zwei Mitglieder des Ensembles „RambaZamba", eines integrativen Theaterprojekts für Menschen mit sogenannten Behinderungen, verschaffen sich mit ihren Trommeln Gehör. In anrührenden Texten geben sie Auskunft darüber, warum sie leben wollen. So gestalteten sie den Auftakt zur Eröffnung der Open-Air-Ausstellung „Tiergartenstraße 4 – Geschichte eines schwierigen Ortes". Nichts hätte eindrucksvoller den Zeitenwechsel an diesem Ort zum Ausdruck bringen können: Diese Ausstellung und dieser Ort befinden sich in einem anderen Berlin und in einem anderen Deutschland als in jenem, in dem genau hier der systematische Mord an Menschen mit vermeintlichen oder tatsächlichen geistigen und körperlichen Beeinträchtigungen geplant und auf den Weg gebracht wurde.

Nichts hätte besser passen können zum Berliner Themenjahr 2013 „Zerstörte Vielfalt". Anlässlich des 80. Jahrestages der Machtübertragung an die Nationalsozialisten und des 75. Jahrestages der Novemberpogrome standen die Biografhien und Schicksale der verfolgten und ermordeten Menschen im Zentrum der Präsentationen und der Aufmerksamkeit hunderttausender Besucher der mehr als achthundert dezentralen Veranstaltungen im gesamten Stadtraum. Nach dem Willen des NS-Terrorregimes sollte die Erinnerung an diese Menschen für immer aus unserem Gedächtnis gelöscht werden.
Nicht zufällig sind die „Euthanasie"-Opfer eine der letzten Opfergruppen, die – nachdem sich die Idee eines gemeinsamen Denkmals für alle NS-Opfer nicht hatte realisieren lassen – nun am historischem Ort der Täter mit einer Stätte der Information und des Gedenkens in der deutschen Hauptstadt in die kollektive Erinnerung zurückgeholt und angemessen gewürdigt werden. Wie bei anderen Gedenkstätten bedurfte es auch hier eines nachhaltigen und langjährigen bürgerschaftlichen Engagements, aus dem allein ein in der Gesellschaft verankertes Erinnern erwachsen kann. Nur mit diesem Engagement konnte es gelingen, eine Verständigung mit den unterschiedlichen an diesem Thema arbeitenden Gruppen über die zukünftige Gestaltung dieses Ortes herbeizuführen. Zu danken ist allen Beteiligten, die sich an einem Runden Tisch unter dem Dach der Stiftung Topographie des Terrors, in Zusammenarbeit mit dem künftigen Träger, der Stiftung Denkmal für die ermordeten Juden Europas, gemeinsam mit den Vertretern des Landes Berlin auf ein Konzept geeinigt und damit die Voraussetzung für die Realisierung dieses Gedenkortes geschaffen haben. Dank auch an den Bund, der sich letztlich aufgrund eines Beschlusses des Deutschen Bundestages vom 10. November 2011 dazu bereit erklärte, die Kosten für die Realisierung dieses Erinnerungsortes zu übernehmen, wie er es bereits bei den Gedenkstätten für die anderen NS-Opfer getan hatte.

Der prämiierte Entwurf der Architektin Ursula Wilms, des Künstlers Nikolaus Koliusis und des Landschaftsarchitekten Heinz W. Hallmann im vom Land Berlin ausgerichteten Wettbewerb soll bis zum Herbst 2014 realisiert werden. So konnte die Open-Air-Ausstellung der Projektgruppe (deren Mitglieder auch an den Beratungen des Runden Tisches beteiligt waren und diese vorangetrieben hatten) im Berliner Themenjahr 2013 diesen Ort schon vorab in besonderer Weise markieren und den zahlreichen Besuchern aus aller Welt ein exzellentes Informationsangebot machen. Anna Lehnkerings Schicksal wird hier, beispielhaft für viele andere, nachgezeichnet und mit der Geschichte der historischen Villa verbunden. Insofern gilt dem Team mit Stefanie Endlich, Sigrid Falkenstein, Petra Fuchs, Helga Lieser, Alexandra Pohlmeier und Ralf Sroka, das dieses Projekt realisiert hat, ein ganz besonderer Dank und höchste Anerkennung für ihr Engagement!

Sehr erfreulich ist, dass diese Ausstellung als Wanderausstellung konzipiert ist und damit ihre Botschaft auch in andere Orte tragen kann. Insofern ist zu wünschen, dass die Open-Air-Präsentation und die Begleitpublikation ein interessiertes Publikum auch anderswo finden. Zu hoffen ist, dass dieses Projekt nicht nur die Aufmerksamkeit einer breiteren Öffentlichkeit für den künftigen Gedenkort am Berliner Kulturforum wecken, sondern auch dazu beitragen kann, an die Opfer der nationalsozialistischen „Euthanasie"-Morde zu erinnern, eine Opfergruppe, die jahrzehntelang am Rand der gesellschaftlichen Wahrnehmung stand.

Rainer E. Klemke Dipl. pol., Studienrat für Geografie und Sozialkunde. 1978–91 Leiter Pressestelle der HdK Berlin, 1991–95 Leiter Pressestelle der Berliner Kulturverwaltung; dort 1996–2012 Referatsleiter/AG-Ltr. Museen, Gedenkstätten und Zeitgeschichte; Lehrtätigkeit an der HdK und der Freien Journalistenschule; Vorstandsmitglied des Fördervereins der KZ-Gedenkstätte Sachsenhausen; seit 2012 Leiter des Runden Tisches Gedenkort Rummelsburg; seit 2013 freier Projektentwickler; Projektleitung Berliner Themenjahr.

PARKSCHEIN-
AUTOMAT
Hier Parkschein
lösen
26

Vom Abriss der Villa zum Bau der Philharmonie
A forgotten place

Lehnkering
on Zwangssterilisation und NS-„Euthanasie"
r der Aktion „T4"

P Philharmonie

T4
AKTION
Tiergartenstraße 4
Geschichte eines
schwierigen Ortes

2. August 1915 | Oberhausen/Sterkrade im Ruhrgebiet Anna wird als drittes
Anna Lehnkering geboren. Sie hat zwei ältere und zwei jüngere Brüder.
Gaststätte.
"Die Geburt verlief normal. Bis zum 4. Lebensjahr
gut. Dann merkten die Eltern plötzlich, dass das
des Zimmers der Mutter und war dann sehr
ganzen Körper." (aus Annas Patientenakte)
1924 – 1929 | Besuch der Hilfsschule
mit. Versteht alles, was man ihr sagt.
schreiben. Das Lesen geht sehr
fache Additionen und
1929 Entlassungszeu
Betragen: gut.
1931/32
keiten bereiten ...
mit einfacheren
könnte."
wohnt weiterhin zu
Sie hat so gerne mit

T4
AKTION
Tiergartenstraße 4
Geschichte eines
schwierigen Ortes
Ti

e rgarte nstraße e 4
p en-Air-Ausstellung 5. Mai–17. Novem ber 2013

Rainer Höynck

Nachwort

Kriegszerstörungen, Abrisse und Planierungen hatten das östliche Tiergartenviertel in eine große Brache verwandelt. Planer und Politiker sahen darin die Chance, den Philharmonie-Neubau und das zukünftige Kulturforum ohne Rücksicht auf überlieferte Stadtstrukturen realisieren zu können. Das Tabula-Rasa-Denken, die Idee des Auslöschens und Vergessens vergangener Zustände, war für die Nachkriegszeit charakteristisch. Auf der Suche nach der „Stadt von morgen", im Blick auf einen völligen Neubeginn nahm man den radikalen Bruch mit dem gewachsenen Stadt- und Sozialraum in Kauf, auch an diesem Ort, dessen einstiges Wohnquartier, trotz der heftigen Kriegszerstörungen zum Kriegsende, doch noch vorhanden und erkennbar war in Ruinen, Kellerfundamenten, Straßenverläufen, Parzellenstrukturen und unterirdischer Infrastruktur. Der behutsame Umgang mit der bestehenden Stadt und den konkreten Spuren der Geschichte sollte späteren Generationen vorbehalten bleiben.

Wenn man heute die Presse-Reaktionen zur Einweihung der Berliner Philharmonie im Herbst 1963 betrachtet, so fällt auf, dass die physische und kulturelle Vergangenheit des Tiergartenviertels nirgendwo angesprochen wurde. In meinen RIAS-Sendungen, die damals in Zusammenarbeit mit Ulrich Conrads entstanden sind, habe ich vom „bedeutendsten Berliner Kulturbau der Nachkriegszeit" gesprochen (15.10.1963), vom „weißen und ockerfarbenen 16-Millionen-Zelt, das so vielfältig abgestuft ist, gegliedert, gefältelt, geschwungen, bei aller Monumentalität seiner Dimensionen so beschwingt, so musikalisch" (20.9.1963). Der Philharmonie-Neubau wurde, so formulierte es der Architekt Frei Otto in L'Architecture d'Aujourd'hui (115/1964), als Verkörperung eines demokratischen Bauens verstanden, durch das Berlin ein „völlig neues Bild" gewinnen und nach den Schrecken der NS-Zeit ins Ensemble der Kulturnationen zurückkehren könnte. Das zukünftige Kulturforum stand im Spannungsfeld zwischen innovativer Aufbruchstimmung und lähmender Teilung der Stadt in den Verhärtungen des Kalten Krieges.

Einige teils recht verschlüsselte Hinweise deuten allerdings darauf hin, dass achtzehn Jahre nach Kriegsende noch manches vom NS-Terror zu spüren war. Ulrich Conrads, einer der bedeutendsten Architekturkritiker jener Zeit, sagte in der RIAS-Sendung „Kulturforum": „Scharouns Bauten sind Bündelungen vielfältiger Energien, die sozusagen unentdeckt und latent auf dem Bauplatz liegen und nun ins lebendige Gewebe der Stadt beziehungsreich eingreifen, ihr Kraftfeld anreichern, es gliedern helfen." (20.9.1963). Conrads' beharrlichen Hinweisen war es vermutlich zu danken, dass mit dem Beschluss des Berliner Abgeordnetenhauses für den Philharmonie-Standort am Tiergartenrand auch ein Zeichen gegen die gigantomanischen Speerschen Planungen für die Nord-Süd-Achse gesetzt werden sollte, deren Reste damals noch sichtbar waren: „Neben der Philharmonie", so Conrads im RIAS am 22.10.1963, „liegen noch letzte Brocken herum von solchem architektonischen Fremdenverkehr, den die Welt hernach mit Schrecken und Bangen und mit dem barbarischsten Ausrottungskrieg der Menschheitsgeschichte zur blutigen Kenntnis nehmen musste." Über die Bedeutung der Villa Tiergartenstraße 4 in der NS-Zeit war offensichtlich nichts in die Öffentlichkeit gedrungen.

Als 1957 der Philharmonie-Neubau beschlossen wurde, noch für den alten Standort Bundesallee, sollte auf dem Gelände der heutigen Topographie des Terrors, am Ort der Zentralen von Gestapo, SS, Sicherheitsdienst und Reichssicherheitshauptamt, ein Hubschrauber-Landeplatz für ein dort erhofftes dynamisches Gewerbe-Gebiet entstehen, das im Schatten der Mauer jedoch nicht mehr zustande kam. Als die Philharmonie gebaut wurde, wollte man quer über das Gestapo-Gelände eine Ost-West-Verkehrsschneise legen, eine auf den legendären Nachkriegs-Wettbewerb „Hauptstadt Berlin" (zweiter Preis: Hans Scharoun) zurückgehende Planung, die offiziell erst in den 1980er Jahren aufgegeben wurde. Berge von Abriss-Schutt aus allen Teilen West-Berlins bedeckten das Areal jahrzehntelang.

Einige Jahre nach der Wiederentdeckung des Gestapo-Geländes haben Bürgergruppen auch den historischen Ort der „T4" als Planungszentrale für die „Euthanasie"-Morde ins öffentliche Bewusstsein zurückgebracht. Das wichtigste Anliegen jener Bürgerinitiativen war es, die in der Nachkriegszeit vergessenen und oft verschwundenen historischen Orte der NS-Verbrechen zum Sprechen zu bringen. Sieben Jahrzehnte nach Kriegsende wird auch an der Tiergartenstraße ein Gedenk- und Informationsort entstehen. Zu hoffen ist, dass er dazu beiträgt, die Schichten der Geschichte auch vor 1940 und nach 1945 wahrzunehmen.

Rainer Höynck geboren 1927 in Berlin; 1943–45 Luftwaffenhelfer, Arbeitsdienst, Soldat, Kriegsgefangenschaft; 1945–48 Bauhilfsarbeiter, Regie-Volontär bei Jürgen Fehling, Volontär beim Tagesspiegel; seit 1948 beim RIAS Berlin, 1963–1988 Ressortleiter Kulturkritik und Kulturpolitik; Fernsehen ab 1958. Kritiken, Publikationen, Katalog-Texte, Moderationen zu Kunst, Theater, Film, Stadtentwicklung; Kulturkorrespondent Handelsblatt; Gründungsmitglied der NGBK (Präsident 1992–99).

Foto: Mechthild Wilhelmi

Danksagung

Unser besonderer Dank gilt
Dr. Petra Fuchs und Alexandra Pohlmeier,
die die Ausstellung mit uns erarbeitet haben.

Wir danken
Dr. Ulrich Baumann
Robin Benson
Dr. Marie Brill
Peter Eckel
Dr. Karoline Flick
Patrick Golenia
Dr. Christian Hanke
Dr. Ute Hoffmann
Rainer Klemke
Prof. Dr. Andreas Nachama
Uwe Neumärker
Robert Parzer
Franka Rößner
Prof. Dr. Wolfgang Schäche
Stefan Schenck
Dr. André Schmitz
Melanie Scholz
Thomas Stöckle
Friedrich Wolters

Hauptstadtkulturfonds
Kulturprojekte Berlin GmbH
den Mitarbeiterinnen und Mitarbeitern der Archive
Theater RambaZamba
capitoberlin, Büro für barrierefreie Information
Firma Heerlein Werbetechnik

und Rainer Höynck für die Ermöglichung dieses Buches

Literatur (Auswahl)

Aly, Götz (Hrsg.), Aktion T4: 1939–1945. Die „Euthanasie"-Zentrale in der Tiergartenstraße 4, Berlin 1989

Aly, Götz, Die Belasteten. „Euthanasie" 1939–1945. Eine Gesellschaftsgeschichte, Frankfurt/Main 2013

Endlich, Stefanie, „Das Gedenken braucht einen Ort". Formen des Gedenkens an authentischen Orten. In: Kristina Hübener (Hrsg.), Brandenburgische Heil- und Pflegeanstalten in der NS-Zeit, Berlin 2002

Falkenstein, Sigrid, Annas Spuren. Ein Opfer der NS-„Euthanasie", München 2012

Faulstich, Heinz, Hungersterben in der Psychiatrie 1914–1949, Freiburg 1998

Friedlander, Henry, Der Weg zum NS-Genozid. Von der „Euthanasie" zur Endlösung, Berlin 1997

Fuchs, Petra / Rotzoll, Maike / Müller, Ulrich / Richter, Paul / Hohendorf, Gerrit (Hrsg.), Das Vergessen der Vernichtung ist Teil der Vernichtung selbst. Lebensgeschichten von Opfern der nationalsozialistischen „Euthanasie", Göttingen 2007

Hamm, Margret (Hrsg.), Lebensunwert zerstörte Leben. Zwangssterilisation und „Euthanasie", Frankfurt/Main 2005

Hermeler, Ludwig, Die „Euthanasie" und die späte Unschuld der Psychiater. Bedburg-Hau und das Geheimnis rheinischer Widerstandslegenden, Essen 2002

Jütte, Robert / Eckart, Wolfgang / Schmuhl, Hans-Walter / Süß, Winfried (Hrsg.), Medizin und Nationalsozialismus: Bilanz und Perspektiven der Forschung, Göttingen 2011

Klee, Ernst, Was sie taten – was sie wurden. Ärzte, Juristen und andere Beteiligte am Kranken- und Judenmord, Frankfurt/Main 2004 (1. Aufl. 1986)

Klee, Ernst, „Euthanasie" im Dritten Reich. Die „Vernichtung lebensunwerten Lebens", vollständig überarbeitete Neuausgabe, Frankfurt/Main 2010

Klee, Ernst, Dokumente zur „Euthanasie", Frankfurt/Main 2007 (1. Aufl. 1986)

Reichhardt, Hans J. / Schäche, Wolfgang, Von Berlin nach Germania. Über die Zerstörungen der „Reichshauptstadt" durch Albert Speers Neugestaltungsplanungen, 3. völlig überarb. und erw. Neuauflage, Berlin 1998/2005

Rotzoll, Maike / Hohendorf, Gerrit / Fuchs, Petra u. a. (Hrsg.), Die nationalsozialistische „Euthanasie"-Aktion „T4" und ihre Opfer. Geschichte und ethische Konsequenzen für die Gegenwart, Paderborn 2010

Schmidt, Hartwig, Das Tiergartenviertel. Baugeschichte eines Berliner Villenviertels, Teil 1: 1790–1870, Berlin 1981

Schmuhl, Hans-Walter, Rassenhygiene, Nationalsozialismus, „Euthanasie". Von der Verhütung zur Vernichtung „lebensunwerten Lebens" 1890–1945, Göttingen 1992 (1. Aufl. 1987)

Willems, Susanne, Der entsiedelte Jude. Albert Speers Wohnungsmarktpolitik für den Berliner Hauptstadtbau, Berlin 2000